Maja Overbeck
I love Teens

Für Tim und Robert

Inhalt

ICH VERSTEH DICH!

In wilden Zeiten unterstützen 83

FREUNDE FÜRS LEBEN

Wie es zu diesem Buch kam

Ich saß bei Schneetreiben in meinem Lieblingscafé im Münchner Gärtnerplatz-Viertel und beobachtete Vater und Tochter am Nebentisch: Das ungefähr dreijährige Mädchen im rosa Matsch-Outfit wand sich in den Armen ihres Vaters und warf sich schließlich nörgelnd auf den nassen Boden, statt – wie bestimmt vom Papa erhofft – romantisch mit ihm ihre heiße Schokolade zu trinken. Meine Belustigung schlug schnell in Mitleid um, weil die Szene Albtraumerinnerungen in mir weckte, und ich fing an zu sinnieren:

Wutattacken im Restaurant, mitten in der Nacht Nahrung zubereiten, stundenlang auf staubigen Spielplätzen herumsitzen – all das ist lang her, mein Sohn ist gerade fünfzehn geworden. »Wir« sind mitten in der Pubertät. Also in der schlimmsten Phase von allen? Nein! Ganz im Gegenteil: Für mich ist *jetzt* die schönste Zeit meines Eltern-Lebens!

Ja, ja denken Sie jetzt, es gibt diese Musterkinder, die selbst in der Pubertät so pflegeleicht sind, dass ihre Eltern auf »Wo soll das Problem sein?« machen können. Ich versichere Ihnen: Mein Sohn gehört nicht dazu. Er klettert auf Dächer, sein Zimmer sieht aus wie eine Müllhalde, er macht keinen Schritt ohne sein Handy und er ist maximal genervt von seinen Eltern. Also ja, er treibt mich in den Wahnsinn, regelmäßig! Und trotzdem liebe ich es, Teenagermutter zu sein. Aber ich fühle mich ein wenig einsam mit diesem Gefühl. Ich kann mich nicht erinnern, jemals so viele genervte Eltern getroffen zu haben wie in den letzten zwei Jahren. Seltsam, die meisten Eltern stecken die Anstrengungen der ersten Kinderjahre mit Wohlwollen und Verständnis weg. Sie suhlen sich im Glück ihres Kindersegens trotz andauernden Schlafentzugs und sie posten romantische Bilder auch in den schlimmsten Trotzphasen. Doch wenn die Kinder älter werden, die Diskussionen härter und die Widerstände erwachsener, hört das auf – oder haben Sie je den Instagram-Post einer Teenagermutter mit dem Hashtag #blessed gesehen? Die Eltern von Jugendlichen, die ich kenne, jammern alle unisono: Pubertät? Was für ein Horror!

Ich blickte erneut zum Nachbartisch hinüber: Das Mädchen hatte seinen Kakao inzwischen auf dem Boden trinken dürfen – was ihr nicht so gut gelungen war. Der Vater suchte mit flehendem Blick nach der Bedienung. In diesem Moment beschloss ich, meine Begeisterung über meine Gefühle als Mutter »mitten in der Pubertät« zu teilen.

Es gibt viele Ratgeber über die vermeintlich schwierigsten Elternjahre. Pädagogische Gebrauchsanweisungen, Regelwerke, humorige Tatsachenberichte und neurologische Forschungserkenntnisse. Sie alle basieren auf der Hypothese, dass es vor allem gilt, die Teenagerjahre irgendwie hinter sich zu bringen – wahlweise gewappnet mit Gelassenheit, Konsequenz, Humor oder Fachwissen.

Und wenn man dann im Augen-zu-und-durch-Modus am Ende des Tunnels angekommen ist? Bleibt nur noch die Erleichterung, dass das Kind endlich auszieht. So weit, so absurd. Ich finde es schade, dass so viele Eltern sich ihr Kleinkind zurückwünschen, weil sie das seltsame Verhalten Heranwachsender als Zumutung empfinden, und die Pubertät als unausweichlichen Albtraum. Dabei entwickeln sich Kinder doch mit der Pubertät endlich in Wesen, mit denen man Gespräche führen kann. Die komplex denken und eine eigene Meinung haben. Die unterstützen können, anstatt nur Arbeit zu machen, und mit denen man vor allem richtig Spaß haben kann. Mit zunehmendem Alter meines Sohns stellen sich bei mir zwei Dinge ein: das Glücksgefühl, wieder ein selbstbestimmter Mensch zu sein, und die Erkenntnis, dass die Zeit mit meinem Kind endlich ist. Es gibt für mich nur eine Möglichkeit, damit umzugehen: Diese Jahre zu feiern, wie mein Sohn es sagen würde. Oder wie ich es ausdrücke: In vollen Zügen zu genießen, was mein Kind zu geben hat.

Dieses Buch ist deshalb eine Liebeserklärung an Teenager und eine Einladung an alle Eltern, ihre Perspektive zu wechseln. Keine Sorge, es ist kein Lobgesang und verschließt nicht die Augen vor all den schwierigen Momenten, den Problemen und Konflikten in der Pubertät. Im Gegenteil – es wird sehr viel um verzweifelte Gefühle und unerfreuliche Situationen gehen, die mich jeden Tag begleiten. Darum, wie schwer es mir fällt, meine Vorstellungen loszulassen und meinem Sohn trotz stärkster Pubertätssymptome zu vertrauen. Aber ich schreibe auch darüber, wie faszinierend der Entwicklungsprozess Heranwachsender für uns Eltern sein kann und wie wir unsere Kinder unterstützen können, für die es anstrengend ist, sich immer wieder neu zu (er-)finden. Vor allem aber möchte ich ergründen, was dazu führt, dass die Beziehung zu meinem Sohn entgegen allgemeiner Erwartungen immer tiefer wird: Was machen die Veränderungen der Pubertät mit unserem Verhältnis? Wie bleiben wir im Gespräch? Und warum finde ich es großartig, mit einem Teenager zusammenzuleben – seiner dauernden schlechten Laune und Streitlust zum Trotz?

Ich bin kein Profi in Sachen Erziehung oder Familientherapie, sondern eine Mutter, die jeden Tag »by doing« lernt. Und natürlich muss nicht jede meiner Erkenntnisse auch für Sie gelten! Ich habe intensive Fachrecherche betrieben und lasse viele Experten zu Wort kommen. Trotzdem spiegelt dieses Buch vor allem persönliche Erfahrungen aus dem Pubertätsalltag wider: Ich habe unsere Familie beobachtet und viele Gespräche mit Freundinnen und Bekannten geführt. Und ich hatte großen Spaß daran, mich auch mit Teenagern auszutauschen. Darüber, wie sie sich fühlen, was sie bewegt und wie sie die Veränderung im Verhältnis zu ihren Eltern wahrnehmen. Ich muss zugeben, wir Eltern kommen dabei nicht immer gut weg. Aber ich hoffe, Sie nehmen mir die Kritik nicht übel – wir sitzen ja schließlich im gleichen Boot!

Eine Sache hat mich bei meinen Recherchen ganz besonders bewegt: Ich bat meine Freundinnen, mir nicht nur von ihren Problemen zu berichten, sondern auch von den schönen Momenten mit ihren pubertierenden Kindern. Und siehe da, es gab sie, und zwar nicht zu knapp. Mir wurde von intensiven Momenten tief vertraulicher Gespräche erzählt, von Söhnen, die der gestressten Mutter den Großeinkauf abnehmen, und Töchtern, die ihre Zeit der dementen Großmutter widmen – plötzlich tauschten wir uns über Glücksmomente aus statt über unaufgeräumte Zimmer und schlechte Noten. Im kleinen Kreis habe ich mein Ziel also erreicht: Eltern davon zu überzeugen, die Pubertät als eine wertvolle Zeit zu sehen und zu genießen. Ich freue mich sehr, wenn Sie nach der Lektüre auch so denken!

AUSSER KONTROLLE

Die Freiheit, erwachsen zu werden

Vorstellungen verabschieden

»Ist sie nicht wieder toll gestylt?«, schwärmt Christian, der in der Modebranche tätig ist, über seine sechsjährige Tochter. »Das hat sie sich alles selbst ausgesucht und zusammengestellt. Lina hat schon ein unglaubliches Gespür für Mode – eine kleine Stylistin!« Christians Augen glänzen genauso wie die von Sabine, wenn sie von ihrem Sohn erzählt: »Tom schießt mit seinen sieben Jahren schon ein Tor nach dem anderen. Nächste Woche kommt der Scout vom FC Bayern zur Sichtung in unseren Verein. Ich schätze, Tom hat gute Chancen, genommen zu werden. Das wäre zwar sehr aufwendig – fünf Mal die Woche Training –, aber wir würden es natürlich voll unterstützen.«

Unsere Kinder sind Projektionsflächen unserer Träume, davon können wir uns nicht frei machen. Manche Eltern wünschen sich für ihr Kind alles, was sie selbst nicht erreichen konnten. Andere wünschen sich ein Mini-Me, das genauso werden soll wie sie selbst. Dann kommt die Pubertät. Aus Traumkindern werden junge Erwachsene mit Ecken, Kanten und eigenen Vorstellungen. Wir müssen feststellen: Vieles kommt anders, als wir dachten. Unsere Ideen für die richtigen Hobbys, unsere Bemühungen um die passenden Freunde und unsere Ziele für die erfolgreiche Schullaufbahn verlieren an Einfluss oder gehen ganz den Bach runter. Und wir machen uns die größten Sorgen. Warum eigentlich? Wir könnten ja auch interessiert beobachten, wie hier ein Individuum mit eigenen Ansichten heranwächst. Warum wehren sich so viele Eltern gegen den natürlichen Drang heranwachsender Kinder, sich auf eigene Füße zu stellen?

Aus besten Wünschen werden konkrete Vorstellungen

Unseren Wohlstandsgesellschafts-Kindern muss es an nichts fehlen – nicht an Zuneigung, nicht an Chancen, nicht an Unterstützung. Umso größer ist der Druck, den viele Eltern verspüren, das Beste aus diesen guten Voraussetzungen zu machen. Wir wünschen uns, dass es unserem Kind im Leben wohlergeht, und sehen es als unsere Aufgabe, dafür zu sorgen – vom ersten Tag an.

Zuallererst möchten wir Unangenehmes möglichst von ihm fernhalten. In unseren riesigen Mütter-Handtaschen findet es jederzeit etwas zu essen. Väter räumen regelmäßig das Ehebett und müssen es sich im Kinderbett auf 1,40 Meter Länge bequem machen, damit der Sprössling genügend Nähe und guten Schlaf bekommt. Mütter kämpfen für jeden übersehenen Punkt in der Schulaufgabe. Wir kennen das alle. Die Frage ist, ob es dabei immer um die Bedürfnisse des Kindes geht. Wenn wir ehrlich sind, geht es wohl auch um uns:

Nie war das Bestreben größer, als Mutter oder Vater perfekt zu sein und den Weg fürs Kind bestmöglich zu bereiten. All die Entscheidungen, die wir als Eltern treffen, sind bestens recherchiert und wohlüberlegt. Stundenlang habe ich gegoogelt, welches Spielzeug vom Material her unbedenklich ist und möglichst die Kreativität fördert! Ich habe zeitweilig täglich Kürbis an Reis gekocht und *gevitamixt*, obwohl es das Gericht von mindestens drei Biofirmen im Glas zu kaufen gibt. Und auch den unvermeidlichen Englisch-so-früh-wie-möglich-Kurs hat mein Sohn Leo mit vier Jahren brav besucht. (Nebenbei gesagt: ohne dass ich es seinen Englischnoten heute anmerke.)

Wir haben eine ziemlich konkrete Vorstellung vom idealen Leben für unser Kind. Und seine Entwicklung dahin ist das Ergebnis *unserer* unermüdlichen Bemühungen – davon sind wir überzeugt.

Einmal abgesehen von ein paar Trotzphasen funktioniert dieses Prinzip ja auch etwa zwölf Jahre lang gut – unsere Kinder folgen unseren Empfehlungen und erleben unsere klare Führung als normal und angenehm. Und wir freuen uns über Erfolge: Es ist unser Verdienst, wenn sich unsere Tochter oder unser Sohn nach unseren Vorstellungen entwickelt. Alles richtig gemacht, alles unter Kontrolle.

Wie unglaublich wichtig uns unsere – mehr oder weniger bewussten – Pläne sind, wird uns meist erst klar, wenn sie durchkreuzt werden. Das fängt ganz banal an – mit unseren Ideen für ihren Tag.

»Denkst du heute daran, Geschichte zu lernen, Leo.«
»Hmm.«
»Du hast ja sonst nichts vor, fahr doch auch neue Hefte besorgen, damit das Zettelchaos endlich ein Ende hat.«
»Ganz sicher nicht, bin zu kaputt.«
»Dann mach doch erst eine Pause, der Nachmittag ist ja lang.«
»Nerv nicht!« (Zimmertür schlägt zu)

Oder für ihre Nacht:

»Gehst du jetzt bitte ins Bett, Leo.«

»Es ist zehn Uhr, ich bin nicht müde.«

»Trotzdem, morgen musst du fit sein, und dafür brauchst du nun mal mindestens acht Stunden Schlaf.«

»Mama, wann kapierst du es endlich? Ich bin fünfzehn, du kannst mir keine feste Schlafengehzeit mehr aufdrängen. Ich gehe ins Bett, wenn ich müde bin. Und falls du dir Sorgen machst, dass ich bis in die Nacht wach bleibe, auch wenn Schule ist: Ich bin doch nicht komplett bescheuert!«

Ich möchte Leos Leben optimieren, ihm wichtige Ratschläge geben und ja, Ansagen machen. Das war viele Jahre ganz normal – obwohl er noch nie von der Sorte »Ich mache brav, was Mama und Papa sagen« war. Neuerdings aber ist es anders. Leo widerspricht mir nicht nur öfter, die ganze Situation ist völlig verändert: Ich auf der einen Seite versuche durchsetzungsstark aufzutreten, während mein Sohn auf der anderen mich gnadenlos auflaufen lässt und mir unmissverständlich zu verstehen gibt, wie »dein Ernst jetzt?!« unpassend er mein Verhalten findet. Ich fühle mich prompt lächerlich in meiner Rolle, und mich beschleicht immer öfter das Gefühl: Leo hat recht, manches geht mich nichts mehr an.

Mit Eintritt in die Pubertät wehren sich Heranwachsende meist unerwartet heftig dagegen, von ihren Eltern beeinflusst zu werden. Egal um was es geht, unsere Meinung zählt nicht mehr, erwachsene Pläne werden unerbittlich bekämpft, und wenn nur der Hauch einer Erwartung in der Luft liegt, löst das großen Widerstand aus. Warum? Jugendliche möchten ihre eigenen Vorstellungen vom Leben entwickeln – die der Eltern stehen dabei im Weg. Bettgehzeiten, Lernpläne, Klamotten und Essgewohnheiten sind da nur der Anfang. Aber schon die Diskussionen darüber geben uns ein erstes ungutes Gefühl von Kontrollverlust. Wir spüren, dass unser Verhalten nicht mehr richtig zur Situation passt, und je öfter uns dieses Gefühl beschleicht, desto unsicherer werden wir.

Und nicht nur das: Wenn wir mit unseren elterlichen Erwartungen abblitzen, kann das auch richtig schmerzhaft sein, besonders, wenn es um die emotionale Beziehung zu unserem Kind geht, so wie in diesem Beispiel:

Teresa freut sich riesig: Wie schon in den letzten sieben Jahren wird sie auch dieses Jahr in den Sommerferien für drei Tage mit ihrer besten Freundin und den beiden gleichaltrigen Söhnen Campen gehen. Aber etwas ist anders in diesem Jahr: Die Begeisterung des fünfzehnjährigen John hält sich im Gegensatz zu den Vorjahren in Grenzen. Schließlich lässt er sich von der Mutter überreden – es ist schließlich Tradition. Auf dem Campingplatz angekommen, beschließen die beiden Mütter, dass es Sache der jungen Männer sei, die Zelte aufzubauen. John sieht das anders: »Was für ein Scheiß bei der Hitze, das ist mir jetzt echt zu anstrengend, kein Bock, lass erst mal was trinken gehen.« Ben dagegen fügt sich (wie so oft) widerspruchslos dem Wunsch der Mutter, und sein Zelt steht binnen kurzer Zeit. Nach einer halben Stunde voller Diskussionen und gescheiterter Versuche, ihr Zelt auch nur ansatzweise zu errichten, liegen Teresas Nerven blank: »Wenn du jetzt nicht sofort aufhörst zu motzen und dich in Zeitlupe zu bewegen, kannst du dein Handy für die Ferienzeit vergessen«, faucht sie ihren Sohn an, leise, aber mit viel Nachdruck. »Keine Ahnung, was mich geritten hat«, fügt sie hinzu, als sie mir später von der Szene erzählt, immer noch entsetzt über ihr eigenes Verhalten – denn mit Strafen zu drohen ist sonst gar nicht ihr Ding. Tatsache ist: John baut das Zelt jetzt auf. Doch der Preis ist hoch: Die gute Stimmung ist für die Campingtage dahin.

Teresa wird von ihrem Sohn unmissverständlich vor den Kopf gestoßen. Es beginnt damit, dass John – anders als sie selbst – das gemeinsame Campen von Anfang an nicht mehr als schönes Ritual, sondern als Last empfindet. Teresa kann ihn zwar überreden, aber er zeigt seine Unlust von Anfang an deutlich. Vor Ort prallen die Stimmungen dann im Streit um den Zeltaufbau aufeinander. Interessant und wohlbekannt an der Szene ist auch: Sobald unser Kind und unsere Beziehung zu ihm »öffentlich« wird, kämpfen wir nicht mehr nur mit unseren eigenen Erwartungen, sondern zusätzlich mit denen der anderen. Sich von der Freundin, die in »ekelhafter Einigkeit« mit ihrem Sohn ins Campen startet, beobachtet zu fühlen, verstärkt Teresas Enttäuschung und ihren Wunsch, der eigene Sohn möge sich doch auch nach ihren Vorstellungen verhalten. Ein seltsamer Mechanismus: Wir vergleichen uns mit anderen Eltern und Kindern, werden unsicher, wenn es bei denen besser läuft, und sind womöglich sogar erleichtert, wenn sie auch Probleme haben.

Es ist unser Perfektionismus, der uns in diese Wahrnehmung treibt. In Gesellschaft wird er noch größer: Wie finden die anderen mein Kind? Verhält es sich so, wie sie es erwarten? Je perfekter wir uns unser Kind aber wünschen, mit desto größerer Wahrscheinlichkeit werden wir spätestens in der Pubertät mit herben Enttäuschungen unserer Erwartungen konfrontiert.

Es geht ums Ganze

Dabei geht es mit Beginn der Pubertät nicht mehr nur ums Tagesgeschäft. Plötzlich rückt das große Ganze ins Blickfeld: Es geht darum, »gut gelungene Erwachsene« heranzuziehen, was immer wir uns darunter vorstellen. Ob wir uns die große Sportlerkarriere oder den hervorragenden Schulabschluss wünschen, ob makellose Modelschönheit oder eloquentes Auftreten, unser Kind soll sich in die von uns geplante Richtung entwickeln. Nur kann es passieren, gerade jetzt, wo es darauf ankommt, dass der Sohn nur noch dem E-Sport zugeneigt ist und die Tochter ihre Zeit mit Schminkvideos verbringt. Auch unsere großen Pläne geraten also ins Wanken. Und weil dieses Gefühl für die meisten Eltern unerträglich ist, versuchen sie gegenzusteuern.

> Clarissa erzählt mir, wie sie ihre sechzehnjährige Tochter zum Lernen bringt: »Ich habe ihr versprochen, dass sie nächstes Wochenende so lange ausgehen darf, wie sie möchte, wenn sie dieses konsequent lernt. Ich weiß, das ist erzieherisch nicht gerade wertvoll, aber mit Erpressung komme ich am besten zum Ziel.«

Clarissas Ziel für ihre Tochter ist ein gutes Abitur. Um das zu erreichen, ist ihr fast jedes Mittel recht. Sie ist mit dieser Haltung nicht allein, viele Teenagereltern denken so: Jugendliche leben im Moment, sie denken nicht an ihre Zukunft, also müssen wir Eltern das für sie übernehmen. Auch ich kenne dieses drängende Gefühl, eingreifen zu müssen: »Ich werde es irgendwann bereuen, wenn ich jetzt nicht versuche zu lenken!« Dieser Gedanke lässt sich kaum abstellen. Und wenn ich es einmal schaffe, gelassen zu bleiben, erforsche ich streng mein Inneres darauf, ob sich dahinter nicht etwa doch nur »Kein-Bock-auf-

Stress« verbirgt. *Elterndeterminismus* nennen Experten dieses Phänomen: Die übertriebene Vorstellung, dass Fähigkeiten und Entwicklung des Kindes unmittelbar von den Eltern abhängen.[1] Eine auf Dauer ziemlich anstrengende, ja erdrückende Überzeugung. Wir können also geradezu dankbar sein, wenn Teenager sich gegen unsere Einflussnahme wehren und so dafür sorgen, dass wir unserer Paranoia Herr werden müssen. Auch Jugendexperte Remo Largo sagt dazu treffend: »Es gibt keine Garantie für ein gelungenes Leben und keine Garantie dafür, dass richtiges pädagogisches Handeln eine gelungene Entwicklung nach sich zieht. Kinder sind ja keine Maschinen, die einwandfrei funktionieren, wenn man nur die Gebrauchsanweisung richtig gelesen hat.«[2] Danke, Herr Largo, diese Aussage hilft mir, mich ein bisschen locker zu machen!

Ja, wir meinen es gut. Aber wie wohlgemeint unsere Pläne auch immer sind – wir bewerten das Leben unserer Kinder nach unseren Maßstäben. Wir ergreifen »Erziehungsmaßnahmen« aus unserer Perspektive heraus und geben Ratschläge aus unseren Erfahrungen. Aber hinterfragen wir dabei auch kritisch, ob unsere Ziele und Lebensweisheiten für unser Kind überhaupt noch relevant oder passend sind?

Loslassen macht stark

Unser übertriebener Drang, zu behüten und zu lenken, hilft also nicht nur *nicht*, er kann auch nachhaltig schaden. Denn wenn wir unseren Kindern alle Türen öffnen und sie durchschubsen, stehlen wir ihnen die Möglichkeit, eigene Erfahrungen zu machen.

Erfahrungen sind ein Schlüsselthema der Pubertät. Wie wichtig sie für die Entwicklung des Gehirns sind, wird im folgenden Kapitel ausführlich beschrieben. Lassen Sie uns hier zunächst darauf schauen, was die Erfahrungen unserer Teenager mit unseren Vorstellungen zu tun haben: Natürlich möchten wir unser Kind Erfahrungen machen lassen – aber eben nur die (unserem Verständnis nach) guten! Als Generation Helikoptereltern haben wir perfektioniert, was Eltern schon immer wollen, den Weg zum richtigen Ziel vorgeben und fernhalten, was links und rechts davon lauert – aus einem einzigen Grund: um unser Kind vor negativen Erlebnissen zu bewahren. Spätestens mit der Pubertät sollten wir uns aber von dem Irrglauben lösen, unserem Kind damit einen Gefallen zu tun. Denn: Kinder werden nicht stark, weil sie nur gute Erfahrungen machen dürfen, sondern weil sie lernen, die schlechten zu meistern.

Wenn wir unsere Vorstellungen zurückstellen, ermöglichen wir unserem Kind, ungewohnte Situationen zu bewältigen und Probleme selbstständig zu lösen. Kinder werden zu starken Erwachsenen, wenn sie die Unterstützung der Eltern auch mal ablehnen können, weil sie einen anderen Weg im Kopf haben. Wenn sie für sich entscheiden dürfen, wann und wie sie ihn gehen wollen, und bestätigt, statt ängstlich zurückgehalten werden. Menschen, die so in Kindheit und Jugend lernen, ihr Leben in die Hand zu nehmen und Ziele aus eigener Kraft zu erreichen, werden *resilient*.[3] Resilienz ist das Immunsystem der Seele – die Fähigkeit, auch in schwierigen Lebenssituationen ein gutes Selbstwertgefühl zu behalten. Durch die Fehler, die sie machen dürfen, werden unsere Kinder also erst fit fürs Erwachsensein. Ob es nun der Perfektionist oder der Beschützer in uns ist – beide lassen uns instinktiv die Zügel anziehen, wenn unser Kind in der Pubertät »außer Kontrolle« gerät. Aber wie können wir es schaffen, diesen elterlichen Instinkt zurückzuhalten? Ein paar persönliche Anregungen:

GLÜCKSSTRATEGIE

Die Zügel lockern

Ich-Fokus

Spätestens jetzt ist die Zeit gekommen, unser eigenes Leben neu zu gestalten. Man sollte meinen, das sind supergute Neuigkeiten – aber ich kenne viele Mütter, die zwar sehr genaue Vorstellungen für das Leben ihrer Tochter oder ihres Sohnes haben, aber wenn es um ihr eigenes geht, sind sie planlos. Solange das *Projekt Kind* nicht abgeschlossen ist, scheint es ihnen nicht zu gelingen, anderen Dingen Raum zu geben.

Berufstätige Mütter tun sich leichter, zumindest die meisten. Auch bei mir gab es diesen Wendepunkt. Jahrelang hatte ich als selbstständige Beraterin gearbeitet und mir Zeit und Umfang meiner Arbeit frei eingeteilt – die Priorität lag auf meinem Sohn. Als ich dann vor einigen Jahren einen Agenturjob annahm, war mir nach zwei Wochen klar: Ich werde das langfristig nur hinkriegen, wenn ich mich einiger gedanklicher Pflichten entledige – wenn ich endlich aufhöre, mir ständig Sorgen zu machen, ob Leo gesund genug isst, seine Hausaufgaben gut erledigt und ein reges Sozialleben führt. Knappe Kapazitäten sind für Kontrollfreaks wie mich ein guter Weg, um sich zum Loslassen zu zwingen.

Vielleicht ist aber Loslassen manchmal auch weniger eine Frage der Zeitkapazität als der inneren Haltung. Eine neue gedankliche Priorität tut gut – ob Begeisterung für den Beruf, ein neues Hobby oder die Pflege von Freundschaften. Indem man sich selbst auf der Liste relevanter Bedürfnisträger weiter oben ansiedelt, gewinnt die Eltern-Kind-Beziehung in Sachen Gleichberechtigung. Und Teenager werden es erfreut und erleichtert aufnehmen, wenn sie der elterlichen Kontrolle mehr und mehr entkommen können.

Desinteresse pflegen

Sehen wir es doch mal so: Kontrolle ist wahnsinnig anstrengend, Perfektionismus sowieso. Es bedarf Überwindung, um manchen Teenagerdingen ihren Lauf zu lassen, aber dann entfaltet sich die wunderbar befreiende Wirkung, die Desinteresse haben kann. Ich habe mit banalen Dingen angefangen, die wohltuende »Mir-egal-Haltung« zu üben. Und das Beste ist: Seit ich mit dem Loslassen so richtig in Schwung gekommen bin, laufen die Dinge oft viel entspannter als früher. Einige Beispiele:

Nicht auf alles reagieren:
»Verdammt, wo sind meine Fußballschuhe?«
»Ich schätze da, wo du sie hingelegt hast«, denke ich, während ich ungerührt weiter Gemüse schnipple. Früher wäre ich aufgesprungen und hätte mitgesucht.

Nicht für alles eine Lösung haben:
»Wie soll ich den ganzen Stoff heute noch schaffen?«
»Du hättest früher anfangen können«, denke ich und sage: »Wenn du Unterstützung brauchst, sag es mir. Ich bin allerdings später verabredet.« Früher hätte ich der Stoff durchgeschaut und Prioritäten gesetzt. Tatsächlich pas-

siert es jetzt immer häufiger, dass Leo auch aktiv um Unterstützung bittet: »Hättest du heute vielleicht Zeit, mich Vokabeln abzufragen?« Ich bleibe cool und freue mich diebisch. Yes! Was für ein Unterschied zu »Vergiss nicht, *wir* müssen heute noch Vokabeln lernen!« »From push to pull« nennt man diese Strategie neudeutsch im Marketing – sehr zu empfehlen auch im Umgang mit Teenagern.

Aufgaben delegieren:
»Ich hab keine frischen T-Shirts mehr!«
»Kein Wunder, die liegen alle in deinem Zimmer auf dem Boden«, denke ich und schlage vor: »Bring doch deine Wäsche in den Keller, und ich zeige dir, wie du die Waschmaschine bedienst.« Früher hätte ich mich dafür entschuldigt, dass ich wohl erst am Wochenende dazu kommen werde zu waschen. Und dabei ist es doch so: Wer erwachsen wird, kann eine echte Hilfe sein – das hatte ich lange nicht bedacht. Manche Aufgaben machen Teenagern sogar Spaß – Wäsche waschen eher nicht so, aber den Grillmeister spielen bei der Gartenparty der Eltern oder sich selbstständig ein Abendessen ausdenken und vorbereiten, wenn die Mutter spät dran ist. Allerdings kommt der Spaß für unser Kind nur dann, wenn wir auch hier unsere Vorstellungen vom Ergebnis anpassen und ernst gemeinte Anerkennung schenken – also Pasta mit Fertigsoße auch wertschätzen, statt die Nase zu rümpfen.

Der Weg ist das Ziel

Alex, ein befreundeter Rechtsanwalt, erzählte mir, dass er jetzt nebenbei ein Start-up aufbaut und Kaffee importiert. Im Laufe des Gesprächs meinte er: »Dann habe ich endlich etwas, was ich meinem Sohn hinterlassen kann – meine Kanzlei übernehmen will er ja auf keinen Fall!« Alex sagte das mit Augenzwinkern. Aber ich bin sicher, es liegt ein Fünkchen Wahrheit darin. Der große Wunsch eines Vaters, sein Sohn möge in die eigenen Fußstapfen treten, war deutlich durchzuhören. Und leider auch fehlende Zuversicht, dass der Sohn einen Weg einschlagen wird, den der Vater für gut befindet.

Fast immer manifestieren sich elterliche Erwartungen in Etappen und Zielen: Unsere Gedanken sind streng nach vorne gerichtet, irgendetwas gilt es immer zu erreichen, zu messen, zu verbessern an unserem Kind – erst recht, wenn die Pubertät kommt. Allerdings liegen zwischen den ersten Veränderungen des Körpers, den zunehmend rebellischen Ambitionen des Teenagers und dem vermeintlich fertigen Erwachsenen vor allem viele Fehler – und dementsprechend enttäuschte elterliche Erwartungen. Aber das muss gar nicht negativ sein: *Fehlerkultur* ist gerade in aller Businessmunde. Junge Unternehmer zelebrieren das Lernen aus Fehlern ganz nach dem Motto »Mist gebaut und stolz darauf«.[4] Erfolgreich wird, wer Scheitern in Kauf nimmt und sich von Fehltritten auf seinem Weg nicht beirren lässt – ja ihn dadurch oft erst findet. Wir Eltern können aus diesem Trend tatsächlich etwas lernen, nämlich endlich damit aufzuhören, angespannt auf die Zielgerade zu starren.

Verantwortung
übergeben

Lilly, die sechzehnjährige Tochter meiner Freundin Clarissa, konfrontiert ihre Eltern mit so ziemlich jedem typischen Pubertätsthema. Zuletzt schilderte mir Clarissa folgende Situation: »Neuerdings fährt Lilly mit ihren Freundinnen in die Stadt und geht zum Feiern in den P1 Club. Letzten Samstag hatte ich ihr erlaubt, bis ein Uhr wegzubleiben – aus meiner Sicht sehr großzügig für ihr Alter. Normalerweise kann ich nicht einschlafen, wenn sie unterwegs ist, und warte insgeheim, bis sie sicher zu Hause angekommen ist, aber am Samstag war ich so müde, dass ich früh ins Bett gegangen bin. Um fünf Uhr morgens wachte ich auf und schlich mich in ihr Zimmer. Ein Schock: Sie war nicht da. Sofort rief ich auf ihrem Handy an und hatte sie Gott sei Dank gleich in der Leitung. Auf meinen wütenden Vorwurf, wo sie denn sei, antwortete sie nur lapidar: ›Chill, Mama, ich komme ja gleich.‹ Ich war außer mir. Nun hat sie drei Wochen Hausarrest.«

Das Thema Ausgehen mit Freunden steht weit oben auf der Liste der Eltern-Teenager-Konflikte. »Wie kann ich meine Tochter nur in den Griff kriegen«, fragt sich Clarissa immer wieder. Das klassische Dilemma: Während die Eltern sich riesige Sorgen machen, lässt sich Lilly keine Grenzen setzen in ihrem jugendlichen Freiheitsdrang. Das P1 steht für all das, wovor Eltern sich fürchten: Alkohol, Drogen und ältere Typen, die auf hübsche, sorglos sexy gekleidete Sechszehnjährige warten.

Unsere Vorstellungen und Erwartungen zu verabschieden ist die eine Sache – aber elterliche Kontrolle soll ja auch beschützen. In der Pubertät sehen wir uns deshalb mit einem herausfordernden Widerspruch konfrontiert: Unsere Kinder werden zu Freiheit suchenden Rebellen, die das Extreme lieben. Wir aber sollen gerade jetzt loslassen – wider unseren natürlichen Beschützerinstinkt. Ist es nicht unsere Elternaufgabe, leichtsinnige Teenager vor Gefahren zu bewahren? Unser Wunsch, Grenzen zu setzen, ist zumindest stärker denn je. Aber so wie Clarissa scheitern wir häufig kläglich.

Grenzen funktionieren nicht mehr

»Ich muss sie doch erziehen.« Immer wieder verwendet Clarissa dieses Argument, wenn sie mir von Auseinandersetzungen wie der eben geschilderten erzählt. Und tatsächlich halten die meisten Eltern es für ihre Pflicht, Teenagern *erzieherische* Grenzen zu setzen – mit mehr oder weniger verkappten Verboten und mit aller Macht:

Mutter: »Du bist um zehn Uhr zu Hause.«
Tochter: »Das ist ja lächerlich, auf keinen Fall.«
Mutter: »Für dein Alter ist das völlig okay.«
Tochter: »Das sehe ich anders, nur ihr seid so streng.«
Mutter: »Dann bleibst du eben ganz da.«
Tochter: »Ich lass mich aber nicht einsperren!«
Mutter: »Das wirst du dann schon sehen.«
Und so weiter …

Wir denken, je deutlicher wir unsere Vorstellungen machen, desto weniger werden sie infrage gestellt. Und nur wenn wir es schaffen, konsequent zu bleiben, wird sich der Lerneffekt schon einstellen. Aus dieser Überzeugung heraus begeben Eltern sich in chancenlose Machtkämpfe mit ihren heranwachsenden Kindern – und werden mit jeder weiteren Niederlage hilfloser. Wir drohen, wir erpressen und strafen – ohne Erfolg. Dabei entgeht uns nicht, dass Druckmittel Jugendliche weitgehend kaltlassen. Und trotzdem werden wir lieber in Sachen Konsequenzen erfinderisch, als unser Verhalten grundsätzlich zu überdenken. Dabei ist es doch nicht zu übersehen, dass sich ein paar wesentliche Dinge in der Pubertät verändern.

Erstens: Teenager folgen nicht mehr bedingungslos unserer Führung. Zweitens: Teenager lassen sich nicht mehr unter Druck setzen. Nicht zuletzt weil ihnen, drittens: unsere Zuneigung immer weniger wichtig wird – im Vergleich zu der ihrer Freunde. Je mehr sich unsere Kinder in der Pubertät emotional von uns lösen, desto härter spüren wir dieses gefühlsmäßige Ungleichgewicht: Streit, Disharmonie und jede Form von Liebesentzug belasten uns Eltern oft mehr als die Jugendlichen selbst. Am Ende wird es uns weder gelingen, Teenagern Grenzen zu setzen, die sie selbst nicht akzeptieren, noch sie mit Verboten vor Risiken zu bewahren, die sie selbst suchen.

Diese Erkenntnis macht unsere Ängste nicht kleiner. Aber wenn wir anfangen umzudenken, wird uns irgendwann bewusst: Das Auflehnen der Jugendlichen ist kein Kampf gegen uns persönlich – es ist ein Freikämpfen von unserer behütenden Hand. Und es ist notwendig, um erwachsen zu werden. Kleinkinder müssen auf die Herdplatte fassen, um zu erkennen, dass sie heiß ist. Für Teenager gilt im Prinzip das Gleiche, nur sind die Erfahrungen extremer: eine Nacht vor der Kloschüssel, Konfrontationen mit der Polizei, ein versemmeltes Schuljahr.

Mir hat ein Blick ins jugendliche Gehirn geholfen, zu verstehen, warum sogar solche drastischen Erfahrungen wichtig sind und wie wir mit ihnen umgehen können.

Warum Erfahrungen so wichtig sind

Vorsicht Baustelle! Dieses Schild gehört eigentlich auf die Stirn von Jugendlichen – davon haben Sie vielleicht schon gehört. In der Pubertät wird das Gehirn tatsächlich komplett umgebaut. Seit ich weiß, was da Großes vor sich geht, kann ich manche von Leos Aktionen etwas gelassener nehmen. Die moderne Gehirnforschung erklärt vieles von dem, was wir Eltern als Futsch gegen uns und unsere Erziehung empfinden als Folgen des Umbaus im Teenagergehirn, zum Beispiel die große Risikofreude, die Gier nach neuen Erlebnissen und die scheinbar irrationalen Entscheidungen.[5] Das pubertäre Gehirn, so beschreibt es der Hirnforscher Daniel Siegel, ist vor allem auf kurzfristige Belohnung programmiert, weil der Spiegel des Glückshormons Dopamin bei Jugendlichen zu niedrig ist. Sie suchen also regelrecht nach Dopaminkicks.[6] Das Hormon wird ausgeschüttet, wenn wir etwas Außergewöhnliches erleben oder Anerkennung ernten – nach beidem verlangen Teenager bekanntlich nicht zu knapp. Die Gier nach dem Glückshormon ist dabei so stark, dass beim Abwägen von Entscheidungen kurzfristige Belohnungsaussichten alles andere ausstechen.

Betrachten wir Lilly aus dem Beispiel oben: Für sie zählt nur der Moment. Sie genießt es, auf ungewohntem Terrain, allein mit Freundinnen, mit ungewissem Ausgang und bis in die frühen Morgenstunden zu feiern. Dass die Eltern sich sorgen und sie großen Ärger riskiert, ignoriert sie dabei. In unseren Augen handelt sie komplett unüberlegt. Das stimmt aber so nicht – sie bewertet die Situation nur anders: Das erwartete Hochgefühl (durch die Dopaminausschüttung) übertrumpft im Teenagergehirn regelmäßig die Wahrnehmung der möglichen Folgen des eigenen Tuns. Die Forscher nennen das *Hyperrationalität*. Das Handeln erfolgt sehr wohl aus kognitiven Abwägungen heraus, nur wird das Gewicht auf die erwartete Belohnung gelegt, während die Risiken kaum ins Kalkül gezogen werden.[7] Teenager folgen also ihrer eigenen Logik.

Da frage ich mich als besorgte Mutter, was dieses Phänomen der Natur für einen Sinn haben soll. Die Erklärung ist eigentlich wunderbar: Teenager müssen erleben, wie gut es sich anfühlt, neue Erfahrungen zu machen, weil die unverzichtbar sind für ihre Entwicklung. Die Lust auf Dopamin sorgt dafür, dass pubertierende Ungewissheit mehr reizt als Sicherheit. Sie werden vom Gehirn für neue Erfahrungen belohnt, deshalb bringen sie den Mut auf, sich ins Unvertraute zu stürzen – also letztlich auch, sich von ihren Eltern zu lösen und in die Welt aufzumachen.

Erfahrungen sind es auch, die den Umbau des Gehirns voranbringen: Die Myriaden von Nervenverknüpfungen, die in der Kindheit entstehen, werden während der Adoleszenz bewertet, neu strukturiert und besser vernetzt. Daniel Siegel beschreibt, dass die (guten und schlechten!) Erfahrungen Heranwachsender darüber bestimmen, welche unnötigen Verbindungen abgebaut und welche gestärkt und beschleunigt werden. Je weiter diese Entwicklung voranschreitet, »desto integrierter wird das Gehirn, desto leichter fällt es dem Menschen, bei Entscheidungen das große Ganze zu betrachten«[8]. Handeln *aus Erfahrung* heißt, dass Erwachsene ganzheitlichere Entscheidungen treffen: Wir halten inne und denken mögliche Entscheidungen durch, anstatt dem ersten Impuls zu folgen. Und wir hören auf unser (auf Erfahrung beruhendes) Bauchgefühl, anstatt blind dem vermeintlich stärksten Argument »Dopaminkick« zu folgen.

Das Ende der Eltern-Kind-Hierarchie

Die Beschäftigung mit der Gehirnforschung verdeutlicht einmal mehr: Das allmächtige Erziehungsmantra *Kinder brauchen Grenzen* stößt spätestens in der Pubertät an Grenzen – weil Jugendliche sich den Freiraum nehmen, den sie brauchen, um herauszufinden, was ihre Entscheidungen und ihr Handeln bewirken. Wie können wir Eltern diese Entwicklung unterstützen, statt sie zu bremsen? Der wichtigste Schritt ist die größte Herausforderung: Es reicht nicht, diffus wahrzunehmen, dass mein Kind irgendwie anders wird – und mich trotzdem *wie immer* zu verhalten. Die Bedürfnisse des Kindes bzw. Jugendlichen verändern sich, also müssen auch wir Eltern unser Verhalten anpassen. Aber das sagt sich leicht. Immerhin rütteln die Entwicklungen der Pubertät an den Grundfesten unseres Selbstverständnisses.

Es mag hart klingen – aber es geht letztendlich um Macht. In den meisten Familien ist eine Machtposition der Eltern immanent und auch wirksam – solange die Kinder klein sind und diese Hierarchie wie selbstverständlich anerkennen. Der Wendepunkt kommt je nach Familie früher oder später und in unterschiedlicher Vehemenz – aber er kommt. Nämlich genau dann, wenn wie oben erklärt der Drang nach Selbstbestimmung die emotionale Abhängigkeit übersteigt und damit die großartige Erkenntnis über den Jugendlichen kommt: »Es gibt keinen Grund mehr dafür, die Ansagen meiner Eltern zu befolgen.« Am schlimmsten trifft dies die Eltern, die fest an eine Rangordnung zwischen Eltern und Kindern glauben (so wie Clarissa). Ihnen fällt es unheimlich schwer, den Verlust ihrer Machtposition überhaupt zu realisieren, geschweige denn zu akzeptieren. Sie verhalten sich weiterhin hierarchisch aus Überzeugung – egal, wie offensichtlich verloren ihr Posten ist. Und sie riskieren lieber, dass sich ihr Kind zurückzieht oder auf Krawall schaltet, als ihre Kontrolle und direktive Einflussnahme aufzugeben.

Es gibt einen Satz von Remo Largo, den wir Eltern uns meiner Meinung nach alle groß an die Pinnwand hängen könnten: »Der Jugendliche kann nun nur noch vom Leben selbst erzogen werden.«[9] Damit ist eigentlich alles gesagt!

Noch einmal zurück zum Eingangsbeispiel: Wie ist die Situation zu lösen, sollen wir einer Sechzehnjährigen selbst die Entscheidung darüber überlassen, wann sie nach Hause kommt? Meine eigene Meinung dazu ist: Ja, wir sollten. Sie beruht auf Erfahrung – meiner eigenen und der meiner Freunde – und dem, was Experten raten. Ich weiß aber, dass sich die Erziehungsgeister an dieser Frage scheiden. Und ich habe Verständnis für die Unsicherheit vieler Eltern. Mein Rat an meine Freundin war der folgende: »Dein erstes Ziel muss sein, dass du von deiner Tochter nicht mehr als die Mutter wahrgenommen wirst, die über sie bestimmen möchte. Vielleicht wird es dann automatisch weniger wichtig für sie, länger, als du erlaubst, wegzubleiben.«

Jugendliche in die Verantwortung nehmen

Es mag uns nicht immer bewusst sein, aber wenn wir unseren jugendlichen Kindern Grenzen setzen oder Verbote aussprechen, entscheiden wir gleichzeitig auch für sie, wie sie sich verhalten sollten. Mit dieser Entscheidung übernehmen wir auch die Verantwortung. Hierzu ein weiteres Beispiel:

> Lea steht kurz vor dem Abitur. Am Wochenende stellt sich immer die gleiche Frage: Die anstehenden Partys mitnehmen oder lieber verzichten, um lernfit zu sein?

Lea überlässt die Entscheidung gewohnheitsmäßig ihrer Mutter Birgit:

»Darf ich oder darf ich nicht?«

Birgit ist genervt und sie merkt, dass sie diese Entscheidung nicht mehr treffen möchte: »Du musst wissen, ob du dir eine durchgefeierte Nacht ›leisten‹ kannst oder eher nicht. Ab jetzt entscheidest du selbst, auf welche Party du gehst.«

Ihr Gefühl trügt Birgit nicht, und sie hat die richtige Konsequenz gezogen: Eine siebzehnjährige Abiturientin sollte selbst Verantwortung übernehmen können für ihr Verhalten.

Mein Sohn Leo findet immer jemanden, der schuld ist, wenn etwas schiefläuft: Das verschwundene Französischbuch hat ein Freund eingesteckt, das verlorene Fußballmatch ist einzig auf den fehlenden Einsatz der Teamkollegen zurückzuführen, in der Schulaufgabe hat die Lehrerin nicht den angekündigten Stoff abgefragt. Er ist noch dabei zu lernen, dass sein Handeln (oder Nichthandeln) Konsequenzen hat, für die nur er verantwortlich ist. Das kann er aber nur, wenn wir Eltern ihm immer wieder die Chance geben, allein Entscheidungen zu treffen. In diesem Sinne sollten Jugendliche ab einem gewissen Alter auch selbst bestimmen, wann sie zu Hause sein werden. Interessanterweise zeigt sich in meinem Bekanntenkreis, dass gerade die Teenager, die selbst eine Zeit vorschlagen dürfen, zu angemessenen Zeiten nach Hause kommen. Und auch meine jugendlichen Gesprächspartner waren einstimmig dieser Ansicht. Es geht eben nicht darum, *gegen* die Eltern, sondern *für* sich selbst zu entscheiden.

Angesichts der sehr eigenen Prioritätensetzung Jugendlicher können wir unser Kind natürlich nicht von jetzt auf gleich seinen Entscheidungen – und damit quasi seinem Schicksal – überlassen. Die Pubertät ist erst der Weg in die selbstständige Entscheidungsfindung. Ihn zu begleiten, ist für uns Eltern eine Sache der Haltung. Wie ich das meine, möchte ich anhand von Herbert Renz-Polsters Unterscheidung zweier Stärken im Eltern-Kind-Verhältnis erklären: Nach seiner Definition ist die eine Stärke »die Stärke der Überlegenheit, die Stärke der Macht, die Stärke des Übergeordnetseins«. Viele Eltern sind der Meinung, dass genau diese Stärke ihre (gute) Erziehung ausmacht. Es gibt aber auch eine zweite Stärke, Renz-Polster nennt sie »Beziehungsstärke«. Sie entsteht aus »gemeinsamen Bewährungen« und »gelungenen Erfahrungen im Team«. »Während ›Machtstärke‹ ein Verfallsdatum hat … kann Beziehungsstärke wachsen.«[10]

Um diese *Bewährungen als Team* geht es in diesem Buch immer wieder, weil ich überzeugt davon bin, dass es in der Pubertät genau darauf ankommt: Ein Team mit seinem Kind zu bilden, während sich unsere Beziehung mit Beginn der Pubertät verändert – nicht über Nacht, sondern in einem jahrelangen Prozess. Unendliche Freiheit überfordert eine Dreizehnjährige. Sie ist insgeheim glücklich, wenn ihre Eltern sie um zehn Uhr von der Party abholen – auch wenn der Wagen um die Ecke parken soll. Die Siebzehnjährige dagegen ist in der Lage, ihr Nachtleben selbst zu verantworten. Leo möchte Computerspiele für Achtzehnjährige spielen. Ich sehe es als meine Pflicht, es ihm zu verbieten, und er akzeptiert das (weitgehend). Er weiß aus der Erfahrung unserer Beziehung, dass ich Verbote nur ausspreche, wenn ich sie für unumgänglich halte, niemals um Macht über ihn auszuüben. Grenzen werden verschoben, aus Ansagen und Verboten wird Selbstverantwortung. Wenn wir als Eltern bereit sind, auf diese Weise den Prozess des Erwachsenwerdens unseres Kindes als gemeinsamen Entwicklungsprozess mitzugehen, dann erleben wir, dass Teenager gar nicht immer den Alleingang wollen.

GLÜCKSSTRATEGIE

Auf Beziehungsstärke setzen

Vereinbarungen treffen

Im Beispiel um Clarissa wurde es bereits deutlich: Es macht einen entscheidenden Unterschied, ob wir Teenagern Regeln und Verbote als Grenzen vorsetzen oder ob wir sie einbeziehen in unsere Überlegungen und schließlich zu einer gemeinsamen Vereinbarung kommen

Das Dauerthema mit Leo ist – wen wundert's – Computerspiele. Unterschiedlichere Ausgangspositionen kann man in einer Sache kaum haben: Für Leos Vater und mich ist unser Werteverständnis zum Thema *Gewalt* eigentlich unumstößlich. Leo dagegen sieht Ballerspiele wie viele andere Jugendliche als unterhaltsames Hobby ohne bedenkliche Folgen. Irgendwann haben wir beschlossen, dass unsere strikten Verbote weder altersgemäß noch zielführend sind – sein Interesse wurde dadurch nur immer größer. Wir suchten also nach einer Lösung, mit der beide Seiten leben können. Sie sieht so aus: Wir lehnen nicht mehr kategorisch jedes Spiel mit Altersbeschränkung ab, sondern lassen uns Trailer zeigen, hören uns Argumente an und entscheiden immer öfter in Leos Sinne. Dafür muss Leo uns beide überzeugen und er akzeptiert unser Nein, wenn es denn kommt. Die Vereinbarung steht und funktioniert. Na ja, meistens: Manchmal ist Leos Frust bei einer Ablehnung doch zu groß. Dann ist – triftiger Grund und generelle Absprache hin oder her – Angriff angesagt mit lauter und unfairer Beschimpfung. In diesen Fällen hilft nur noch, das Thema für beendet zu erklären und den Raum zu verlassen.

Zum Nachdenken anregen

So wenig ich von strikten Verboten halte, so deutlich möchte ich sagen: Eine andere Meinung macht noch kein Verbot. Und wir Eltern sollten nicht zögern, diese zu äußern – auch wenn wir unserem Kind die Entscheidung überlassen.

> Celina hat zur Konfirmation viel Geld geschenkt bekommen. Sie hat sich in den Kopf gesetzt, sich davon eine teure Markenhandtasche zu kaufen.
> Ihre Mutter Carolin ist entsetzt. Aber sie beschließt, kein Veto auszusprechen:
> »Es ist dein Geld, deswegen akzeptiere ich deine Entscheidung. Ich finde allerdings, dass so viel Geld für eine Tasche Verschwendung ist. Ich würde lieber noch mal schauen, ob es nicht eine gibt, die etwas weniger teuer und trotzdem toll ist.«
> Celina kauft die Tasche trotzdem. Einige Monate später jedoch sagt sie beiläufig zu ihrer Mutter:
> »Es war richtig blöd von mir, mein Geld für diese Tasche auszugeben. Ich finde sie jetzt schon nicht mehr so gut.«

Jeder erlebt diese Momente, in denen Teenager plötzlich Einsicht zeigen. Unsere Reaktion in solchen Situationen kann viel bewirken – oder kaputtmachen. Im Beispiel denkt sich Carolin wahrscheinlich: »Hab ich doch gleich gesagt.« Sie fühlt sich in ihrer Meinung bestätigt, und die Versuchung ist groß, der Tochter zu raten, doch in Zukunft besser auf ihre weise Mutter zu hören. Doch dann würde wahrscheinlich genau das Gegenteil eintreten, denn niemand lässt sich gerne belehren – Teenager am allerwenigsten.

Mal abgesehen davon, hat Celina ja bereits erkannt, dass sie einen Fehler gemacht hat. Ob sie bereit ist, aus diesem zu lernen, kann ihre Mutter ohnehin nicht beeinflussen. Und wiederholen nicht auch Erwachsene gerne ihre Fehltritte – zum Beispiel, wenn es um den Kauf teurer Handtaschen geht?

Momente wie diesen können wir trotzdem bewusst nutzen: Gerade, indem wir *nicht* den Besserwisser geben, stärken wir unsere Beziehung. Wenn wir unserem Kind mit Verständnis für seine Entscheidung begegnen, fühlt es sich mit seiner Selbstkritik weniger schlecht – und wird sich vielleicht beim nächsten Mal für unsere Argumente öffnen.

Persönlich bitten

Einen Teenager mit sachlichen Argumenten zu überzeugen kann unmöglich sein – Vernunft hat gegen Neugier und Tatendrang meist keine Chance. Was aber manchmal funktioniert: die eigenen Gefühle ins Spiel zu bringen. Ein freundliches »Ich mache mir sonst wirklich Sorgen«, und Leo denkt tatsächlich daran, die ersehnte »Bin jetzt da«-Nachricht zu schreiben.

Damit Teenager die Befindlichkeiten der Eltern ins eigene Handeln einbeziehen, bedarf es vor allem der oben beschriebenen Beziehungsstärke. Oder anders gesagt, wenn wir unsere Emotionen nicht als Argumente der Macht *gegen* sie einsetzen, sind Teenager zumindest manchmal bereit, Elterngefühle zu respektieren.

Wir sollten unsere emotionalen Bedürfnisse jedoch nicht zu sehr strapazieren: Jugendliche brauchen ihre Freiheit, und insbesondere überfürsorgliche Eltern tun gut daran, ihre Ängste öfter mal für sich zu behalten, um die eigenständigen Erfahrungen ihres Kindes nicht zu belasten.

Schule, (k)ein Thema

Als mein Sohn in die Schule kam, musste ich daran denken, dass in meinem Teenagerleben Lernen und Noten keine Rolle spielten. Selten haben meine Eltern mit mir darüber gesprochen, nie darüber gestritten, es war ihnen offensichtlich nicht so wichtig. Ich beschloss damals: Schule soll auch in meiner Familie nie die Gespräche oder gar unsere Beziehungen beherrschen. Ein blauäugiger Wunsch! Denn neun Jahre später weiß ich: Es gibt kein Entrinnen vor dem Horrorthema Nr. 1. Und Pubertät verhält sich zu Schulstress ungefähr so wie Erschütterung zu Nitroglyzerin – die Explosion ist unvermeidbar und womöglich die größte Belastung für die Eltern-Teenager-Beziehung. Das Spannungsfeld Schule ist geradezu das Paradebeispiel für unsere elterliche Angst vor Kontrollverlust.

Auch mich beschäftigt entgegen all meiner Überzeugungen kein anderes Thema so leidenschaftlich. In keiner anderen Sache werde ich mir so oft untreu: Ich mische mich ein, mache Druck und ertappe mich dabei, wie ich anderen Müttern mein Leid klage. Mit aller Kraft versuche ich, nachhaltig Gelassenheit aufzubringen. Aber ich bin auch zu der bitteren Erkenntnis gekommen: Wenn ein Kind nicht zu der seltenen Art derer gehört, die gesegnet sind mit natürlichem Ehrgeiz, glasklarem Verstand, unbeirrbarer Lernenergie und außergewöhnlich dickem Fell, dann ist es fast unmöglich, dem täglichen Schulwahnsinn zu entkommen.

Die Frage bleibt, warum uns Eltern die Schulsituation unseres Kindes eigentlich so besonders wichtig ist. Zumal doch »alle Überprüfungen des Wissens, das junge Menschen fünf Jahre nach Schulabschluss noch besitzen, darauf hinauslaufen, dass das Schulsystem einen Wirkungsgrad besitzt, der gegen null strebt«. So sieht es zumindest der Hirnforscher Gerhard Roth, ehemaliger Präsident der Studienstiftung des deutschen Volkes.[11]

Die Schulsorgen der Eltern

Leos Grundschuljahre liefen super. Große Begeisterung fürs Lesen- und Schreibenlernen. Erfolge beim Schulwettbewerb *Känguru der Mathematik*. Der gefürchtete Übertritt aufs bayerische Gymnasium – gar kein Problem. Und dann kam die überraschende Erfahrung, dass auf der weiterführenden Schule ohne Arbeit nichts geht. Und mein Sohn zog seine erste Schlussfolgerung: Der Dreier ist der Einser des gechillten Schülers. Das war der Anfang. Inzwischen hat sich zu seiner Grundeinstellung, dass Lernen eine Zumutung und was für Streber ist, noch die Pubertät gesellt, und mit ihr gingen nicht nur der letzte Rest von Leos Schulambitionen, sondern auch mein Einfluss flöten.

»Keine Ahnung!«

»Okay, dann probier mal den: *Hadrianus a Desiderio vehementer oppressus Carolum rogavit, ut auxilium sibi ferret.*«

»Was heißt denn *rogavit*?«

»Also, ich schlage vor, du wiederholst erst noch mal die Vokabeln. So hat das Übersetzen keinen Sinn.«

»So ein Quatsch. Das dauert viel zu lang, wie lange lernen wir jetzt schon?«

»Zwanzig Minuten«

»Ich mach auf keinen Fall mehr als dreißig Minuten!«

»...«

»Ich weiß, du denkst jetzt wieder: *Der ist zu blöd*«

»Nein, das ist Quatsch.«

»Doch, wie du schon atmest, daran merk ich doch, dass du keine Lust hast und sowieso erwartest, dass ich nichts kann.«

»Du gibst dir halt keine Mühe, dich zu konzentrieren, nur das nervt.«

»Siehst du, ich wusste es: Du bist genervt!«

Solche Dialoge können sich ewig in die Länge ziehen – die Zeit, die Leo so kostbar ist, wird nicht ins Arbeiten gesteckt, sondern ins Lamentieren, Meckern, Schuldzuweisen. Irgendwann beschloss ich, etwas zu ändern: *Ich ziehe mich zurück und helfe nur noch auf ausdrückliche Nachfrage.* Na ja, das war zumindest der Plan. Kurz war Leo beflügelt von dem Gedanken, sich selbst zu organisieren und mir zu beweisen, dass er alles im Griff hat. Sehr kurz. Dann holte ihn ein, was ich als *pubertären Hedonismus* bezeichne – das absolute Genießen des Augenblicks und die Unwilligkeit, Energie in etwas zu stecken, dessen Sinn – wenn überhaupt – nur im *Später* zu finden ist. Seine Noten wurden schlechter, viel schlechter, und bei mir setzte die Verkrampfung ein.

In einem ständigen Kampf ringt in meinem Kopf seitdem mein Gelassenheitsmantra »Noten sind nicht wichtig« mit der Muttersorge »Ohne gute Noten wird alles schwierig«. Welche Seite gerade die Oberhand hat, ist abhängig von Leos aktueller Schulsituation, aber mehr noch von meinen Begegnungen mit anderen Eltern.

Es gibt genügend Fakten, die gegen die Bedeutung von Schulnoten sprechen. Selbst der Präsident des deutschen Lehrerverbandes sagt, dass Berufserfolg und gute Noten statistisch gesehen nur zu fünfzig Prozent zusammenhängen.[12] Und trotzdem ist das Streben nach guten Noten zweifellos zum Sinn des Elternlebens geworden. Mütter werden zu selbst ernannten Lerncoachs, Väter zu Leistungskontrolleuren – je höher die Klasse, desto engagierter. Kaum jemand hinterfragt, wie selbstverständlich die eigenen Ansprüche zum Maß aller Dinge gemacht werden, wie bereitwillig ergebnisloser Dauerstreit in Kauf genommen wird und wie konsequent wir uns ins Leben Heranwachsender einmischen. Aber die Schreckensbotschaften über Anforderungen der höheren Klassen und Zulassungsbeschränkungen an deutschen Universitäten werden auch jedes Jahr bedrohlicher. Grund genug, den Wahnsinn blind mitzumachen. Bei Elternabenden sind Szenen wie diese keine Seltenheit:

> Die Mathematiklehrerin der neunten Klasse stellt
> sich den Eltern vor. Daraufhin Meldung einer Mutter:
> »Frau Müller, ich möchte anmerken, dass die Kinder mit
> ihren Erklärungen im Unterricht noch nicht zurecht-
> kommen: Die Textaufgaben, die Sie gestern als Haus-
> aufgabe aufgegeben haben, waren mit dem Wissen
> aus der Stunde nicht zu lösen.«

Unvergessen bleibt mir auch der Vorschlag eines befreundeten Vaters letzten Sommer, die Jungs könnten sich im Biergarten ja die Zeit mit dem Abfragen von Lateinvokabeln vertreiben.

So sehr ich mich über solches Verhalten lustig mache, so wenig bin ich selbst davor gefeit. Wann immer ein aktuelles Ereignis meine antrainierte Gelassenheit stört – eine Serie schlechter Noten, Lehreranrufe, die guten Noten anderer Kinder –, poppt in meinem Kopf diese bedrohliche Wirkungskette auf: *Wenn ich* mich raushalte, lässt sich mein Sohn komplett gehen, die Noten werden immer schlechter, der nicht gelernte Stoff kann niemals mehr aufgeholt werden. So wird mein Loslassen letztendlich bewirken, dass er ein schlechtes Abitur macht und sich dadurch mögliche Berufswege verbaut. Ich könnte diese Sorgenspirale unendlich weiterspinnen. Aber Angst ist wie immer kein guter Ratgeber. Und es lässt sich auch anders argumentieren, zum Beispiel so: Viele Jugendliche packt spätestens dann, wenn es in Richtung Schulabschluss geht, der Ehrgeiz. Oder so: Die Erfahrung zeigt, es läuft nicht signifikant besser, wenn die Eltern sich einmischen. Oder am besten so: Selbst wenn alles nicht so glattliefe, wie wir es uns wünschen, liegt das trotzdem in der Selbstverantwortung des jungen Erwachsenen.

Wenn ich diese Überzeugungen nur verinnerlichen könnte – ich arbeite dran! Dabei hilft es, sehr genau zu differenzieren: Unseren Ehrgeiz, unsere Ziele und unsere Idealvorstellungen lassen wir besser los und geben Jugendlichen die Freiheit, ihren (Schul-)Weg selbst zu beeinflussen. Das heißt aber nicht, dass wir nicht mehr unterstützen dürfen: Gerade in Sachen Schule können junge Erwachsene leicht den Mut verlieren. Deshalb brauchen sie dringend unsere Hilfe – nur eben auf ganz andere Art und Weise. Dazu komme ich später. Werfen wir zunächst einen Blick auf die Jugendlichen selbst.

Die Kinder: Generation Streber

Auch ich hatte als Teenager ein Problem mit meinen Schulnoten: Sie waren zu gut. Sie verstärkten das Gefühl, viel zu brav zu sein. Nur auf Nachfrage habe ich von einer Eins erzählt und ich hätte mir eher die Zunge abgebissen, als mit einer guten Note zu prahlen.

Es ist anders heute. Cool ist, wer trinkt, kifft, gut aussieht *und* gut in der Schule ist. Viel zu lernen ist nicht peinlich, nein, es ist ein Zeichen von Ehrgeiz und Disziplin. Und das sind erstrebenswerte Eigenschaften – schon für viele Teenager. Der Selbstoptimierungstrend ist auch bei ihnen angekommen. Der Hamburger Jugendpsychiater Michael Schulte-Marktwort beobachtet, dass Jugendliche sich heute mehr denn je unter Druck setzen: »Wir leben in einer durchökonomisierten Gesellschaft. Wer nichts leistet, hat verloren, das lernen Kinder heute von klein auf. Als Jugendliche haben sie deshalb Angst, dass ihnen ohne gute Noten Arbeits- und Perspektivlosigkeit drohen.«[13] Genau zu wissen was man möchte, und dieses Ziel eifrig zu verfolgen, ist heute schon die Idealvorstellung für Sechzehn- und Siebzehnjährige:

> Bei einem Abendessen komme ich mit Viktoria ins Gespräch, der Tochter von Bekannten. Sie hat gerade mit siebzehn Jahren ihr Abitur mit 1,0 bestanden. Mir begegnet ein Mädchen, das gleichzeitig toughen Ehrgeiz und kindliche Unsicherheit ausstrahlt:
>
> »Ich habe mich jetzt doch entschieden, das BWL-Studium in Mannheim zu beginnen. Ich schau dann mal, was mir das bringt.«
>
> »Was wünschst du dir denn, dass es dir *bringt*?«
>
> »Na ja, wenn ich Medizin oder Jura studieren würde, wäre mein Weg klar. Die Gefahr bei BWL ist ja, dass man sich verzettelt, weil es so viele Möglichkeiten gibt.«
>
> »Würdest du denn lieber Medizin oder Jura studieren?«
>
> »Nein, das interessiert mich beides leider nicht. Aber es wäre eigentlich viel besser – einfach blöd von mir.«

Es hat mich sehr bewegt, dieses Mädchen, dem alle Türen offenstehen, alles andere als glücklich zu erleben, so sehr dem Druck ausgesetzt, einen Weg zu finden, der sie sofort, ohne Umwege – ja wohin eigentlich bringt?

Wenn schon die vermeintlich Besten an ihrem eigenen Ehrgeiz verzweifeln, wie geht es dann erst den *ganz normalen* Kindern?

Die große Lücke zwischen den Anforderungen und dem, was ein Teenager zu leisten bereit ist oder leisten kann, ist für viele entmutigend. Besonders für die, die womöglich mit den Begleiterscheinungen der Pubertät zu kämpfen haben. Natürlich sind sie selbst verantwortlich für ihre notorische Faulheit, ihr Chaos in Schulranzen und Heften, vergessene Hausaufgaben, verschlampte Bücher, verpeilte Termine. »Warum kriegst du es nicht so hin wie andere?« Das können wir ihnen vorwerfen, immer wieder. Wird es dadurch besser? Nein. Wir erleben alle, dass stetige Ermahnungen der Eltern oder Lehrer ganz und gar nicht dazu führen, dass Teenager sich organisieren, vorausplanen und konsequent am Ball bleiben. Im Gegenteil: Je höher der Druck, desto vehementer meist die Gegenreaktion. Und lieber spielen Teenager die Rolle des coolen Verweigerers, als ihre Schwächen preiszugeben, selbst wenn ihre Noten immer schlechter werden. Ein Teufelskreis.

Ein Blick in die Schule macht leider auch recht wenig Hoffnung auf Unterstützung vonseiten der Lehrer.

Schule: Die bittere Wahrheit

Wenn Lehrer auf Teenager treffen

»Wer denkt, eine Fünf in Kunst gibt es nicht, hat sich zu früh gefreut: Ich lasse Schüler gerne wegen Kunst durchfallen.«

»Eine kleine Herausforderung, aber doch kein Problem«, freut sich die Lehrerin, als sie einen Test über anderen Stoff als den angekündigten schreibt.

»Als Strafaufgabe schreibst du mir jetzt zwei DIN-A4-Seiten mit Entschuldigung und Begründung, warum du deine Schulaufgabe verloren hast.«

»Du bist doch seit zwei Tagen wieder da. Da konntest du den Stoff doch nachholen«, antwortet der Lehrer auf Leos Bitte, ob jemand anderes ausgefragt werden könnte, da er selbst die letzten zwei Wochen mit schwerer Grippe zu Hause gelegen habe.

Zwölf Mal wird die Note Vier, drei Mal die Note Fünf vergeben – in der ersten mündlichen Schulaufgabe nach einem dreiviertel Jahr Französischunterricht.

»Ihr solltet lieber die Baumschule besuchen, dann könnte man euch nach Weihnachten entsorgen.«

»Jetzt unbedingt aufpassen – das braucht ihr bis zum Abitur. Anna, quatsch ruhig weiter, so weit kommst du sowieso nicht.«

Ich könnte diese Liste endlos weiterführen. Das ein oder andere Beispiel mag Sie zum Schmunzeln bringen – vielleicht sollte man den ganzen Betrieb auch nicht so ernst nehmen? Mir bleibt das Lachen bei solchen Aussagen im Hals stecken. Immer noch müssen Kinder in den wichtigsten Jahren ihrer Entwicklung zwei Drittel ihres Tages mit Menschen verbringen, von denen sich – nach meiner subjektiven Einschätzung – mindestens die Hälfte eingestehen müsste, dass sie Jugendliche im Grunde nicht leiden kann.

Zum Gegencheck meines Schreckensbildes habe ich im Bestseller *Teenieleaks* das Kapitel *Schule und Sinn* gelesen – der fünfzehnjährige Autor Paul Bühre ist ja quasi ein offizieller Vertreter der Fraktion Teenager. Leider ist das Kapitel ziemlich langweilig. Warum? Paul erzählt hinreißend, daran liegt es nicht, aber alles, was er beschreibt, hätte genau so zu meiner Schulzeit, also vor mehr als dreißig Jahren, passieren können:

»Es gibt Tage, da läuft einfach alles schief. Du hast verschlafen, konntest nicht mehr duschen, bist gerade noch so pünktlich gekommen, und in dem Moment, in dem du den Lehrer reinkommen siehst, weißt du, er hat auch schlecht geschlafen und keine Lust auf deine Klasse. Er schreibt irgendwas an die Tafel, sagt knapp was dazu, lässt euch das Buch aufschlagen, Einzelarbeit.«[15]

Die Welt verändert sich rasant wie nie zuvor. Neueste Erkenntnisse aus allen relevanten Wissenschaften spiegeln sich in Methoden und Projekten zum ganzheitlichen Lernen und zur Wissens- und Bildungsvermittlung wider. Aber an vielen deutschen Regelschulen sind die Uhren stehen geblieben. Und es scheint erschreckenderweise so, als wüsste niemand, wie man sie aufzieht.

Schule fängt immer noch um acht Uhr morgens an, obwohl man weiß, dass das Hormon Melatonin in der Pubertät abends später ausgeschüttet wird – zu spät, um rechtzeitig einzuschlafen. Morgens um sieben Uhr könnten Jugendliche deshalb eigentlich noch gut zwei Stunden Schlaf gebrauchen, anstatt aufzustehen.[15]

Positive Motivation ist für viele Lehrer ein Fremdwort – genau wie vor dreißig Jahren. Sie klammern sich daran, den Lehrplan abzuarbeiten – schließlich ist das schon Herausforderung genug, wenn man es mit pubertierenden Schülern zu tun hat. Die (theoretische) Fähigkeit, den Lehrstoff verständlich zu vermitteln, ist das Kriterium für ihre Eignung, unsere Kinder auszubilden. Dementsprechend konsequent weist ein Schulleiter Beschwerden vonseiten der Eltern in Bezug auf mögliche pädagogische Schwächen bestimmter Lehrer zurück: »Alle meine Lehrer haben zwei Staatsexamina mit Erfolg bestanden. Sie sind also ausnahmslos sehr gut in der Lage, Ihre Kinder zu unterrichten.«

Wie gerne würde ich mit ihm diskutieren – darüber, wie fragwürdig sich der ein oder andere meiner Freunde wohl als Anwalt machen würde trotz zwei juristischer Staatsexamina in der Tasche. Und über Paul Watzlawick, dessen Forschung schon vor fünfzig Jahren bewies, dass in der menschlichen Kommunikation die Beziehungsebene die Inhaltsebene bestimmt, und zwar im Verhältnis 80:20. Das heißt: 80 Prozent des Unterrichtserfolgs hängen von der Beziehung zwischen Lehrer und Schüler ab und nur 20 von der fachlichen Qualifikation des Lehrers.[16]

Beziehungen zu den Schülern aufbauen – das können bei Weitem nicht alle Lehrer. Zu oft steht der tägliche Kampf mit einer lauten Klasse im Vordergrund, und Lehrer flüchten sich – wie die Zitate oben zeigen – in autoritäres Verhalten, das die Fronten verhärtet: Gegen solche Lehrer, die sich auf ihre Herr-der-Noten-Position zurückziehen, die selten Verständnis zeigen und mit denen kein vertrauensvolles Verhältnis möglich ist, muss man als Teenager zwangsläufig rebellieren. Dem Lehrer sind jugendliche Schüler dementsprechend ein Graus. Sie sind verwöhnt, faul und unerzogen. Ihren ständigen Provokationen kann man nur mit Druck begegnen. Warum diese typische Konstellation in die Sackgasse führt, beschreibt auch Remo Largo: »Viele Pädagogen ... glauben an eine strenge und straffe Klassenführung, daran, dass es – eher enge als weite – Grenzen geben muss und viele Hausaufgaben, damit die Schüler gar nicht erst auf dumme Gedanken kommen. Mit einer solchen Herangehensweise verfehlen die Pädagogen ihr Ziel ... Wenn man weiß, dass den Lehrern das Gleiche blüht wie den Eltern, versteht man, warum verschärfte Kontrolle und ein autoritärer Erziehungsstil bei Jugendlichen auf verstärkte Ablehnung stoßen müssen. Warum war das Unterrichten in den Jahren zuvor vergleichsweise einfach? Dank ihrer emotionalen Abhängigkeit konnten die Kinder vom Lehrer belehrt und erzogen werden.«[17]

Wie Leuchttürme erscheinen mir die wenigen Lehrerinnen und Lehrer, die anders sind. Sie lassen erahnen, wie es wäre, wenn – um mit Watzlawick zu sprechen – die *Beziehungsebene* bei der Ausbildung von Lehrern eine größere Rolle spielen würde. Ein wunderbares Beispiel aus Leos Schule:

Die neue Deutschlehrerin bat die Schüler der neunten Klasse am Anfang des Schuljahres, sich ein schönes Schreibbuch zu besorgen. Sie werde die sechste Stunde am Freitag regelmäßig für »Creative Writing Sessions« nutzen. »Das bedeutet, dass wir zu einem Thema schreiben dürfen, was uns in den Sinn kommt«, erklärt Leo mir den Begriff, »eine Geschichte, ein Gedicht, ein Akronym – das, was uns eben in den Kopf schießt. Und es gibt keine Noten darauf.« Ich bin begeistert. Richtig beeindruckt aber bin ich, als ich ein paar Wochen später Leos erste Versuche lesen darf. Mein Sohn, dem die typischen Deutschaufsätze Schwierigkeiten bereiten, hat hinreißende Texte geschrieben, voller tiefsinniger Gedanken und guter Formulierungen. Auf meine Frage, ob sie denn immer konzentriert arbeiten oder inzwischen eher doch Quatsch machen, antwortet er: »Nein, wir arbeiten in Ruhe, das ist der Deal. Und es macht ja auch Spaß.«

Ich muss dazu sagen, dass diese Lehrerin das hat, was man *charismatische Autorität* nennt: Sie kann interessant erzählen, nimmt Teenager ernst und behandelt sie fair. Deshalb gelingt es ihr, ihre hohen Ansprüche durchzusetzen.

Das Beispiel führt zu einem weiteren kritischen Thema: Lehrmethodik. Auch hier scheint Veränderung in weiter Ferne. Denn was sich alle Kinder, viele Eltern und wahrscheinlich auch Lehrer wünschen, wäre doch, dass endlich Methoden in unseren Schulen Einzug halten, welche die bei Teenagern so ausgeprägte Entdeckerfreude, ihren Wissensdurst und ihren Innovationsgeist nicht ersticken, sondern einfangen und sich zunutze machen. »Wir müssen von dem Unterrichtskonzept weg, in dem wir erst dozieren und dann überprüfen, ob auch alles hängen geblieben ist. Schule könnte ein bisschen wie *Minecraft* werden: selbst wieder Entdecker werden und sich Fragen stellen«, schreibt Felix Schaumburg, der über digitale Schule bloggt.[18] Kaum zu glauben, dass er Lehrer ist!

Zumindest am Regelgymnasium sind wir weit entfernt von einem Schulunterricht, der regelmäßig Diskussionen anregt, Themen ganzheitlich betrachtet und Teamarbeit und Neugier fördert. Frontalunterricht herrscht vor, weil der Lehrplan eingehalten werden muss und interessante Methoden Zeit, Energie und manchmal Geld kosten. Je älter unsere Kinder aber werden, desto weniger effektiv wird die standardisierte Wissensvermittlung. Teenager machen nun mal nicht gerne Dienst nach Vorschrift. Und natürlich hinterfragen sie auch mehr als Grundschüler. »Wofür soll ich das lernen?« Ich kann leider selten eine zufriedenstellende Antwort auf die Gretchenfrage geben!

Was aber können wir tun? Wir können nicht ändern, dass unsere Kinder dem gleichen Schulsystem ausgesetzt sind, wie wir es waren – garniert mit einer extragroßen Portion Leistungsdruck. Das ist die traurige Realität, wenn wir unser Kind nicht auf eine Privatschule schicken und auch nicht nach Finnland auswandern wollen. (Im Land, das seit Jahren Vorreiter in der Pisastudie ist, wird gerade das Schulsystem komplett umgewandelt von fächer- auf projektbezogenen »Phänomen-Unterricht«, der Arbeit in kleinen Arbeitsgruppen und nach individuellen Interessen mit einbezieht.[19])

Aber Jammern hilft nicht. Eher sollten wir uns an die eigene Nase fassen und unser Verhalten kritisch hinterfragen: Suche ich immer noch nach den magischen Tricks, um mein Kind zu dem Musterschüler zu machen, den ich mir wünsche, oder kann ich akzeptieren, dass meine Rolle eine andere sein muss?

Das sieht auch Familienexperte Jesper Juul so: Eltern sollten aus seiner Sicht ihren Kindern den Rücken gegen ein schlechtes System stärken.[20] Wie also kann eine solche Unterstützung aussehen, die gleichzeitig die notwendige Selbstbestimmung zulässt?

GLÜCKSSTRATEGIE

Unterstützt du noch
oder mischt du dich schon ein?

Selbstwirksamkeit

Die Schule ist ein Kosmos, in dem sich Kinder allein bewegen – wenn wir sie denn lassen. Alle Erfahrungen dort, gute und schlechte, gehören erst einmal ihnen. Diese Welt liegt schon rein örtlich gesehen außerhalb unserer Kontrolle, und wir sollten uns bewusst machen, wie wichtig es für die Entwicklung der Jugendlichen ist, nicht in dieses Terrain der Eigenständigkeit einzudringen. *What happens in school stays in school* – das wäre eine ideale Haltung für Eltern. Denn nirgendwo können Kinder Erfolg und Misserfolg als Konsequenzen ihres eigenen Tuns so intensiv erleben wie dort. Wenn wir Eltern in unserer Unterstützungswut dazwischenfunken, gefährden wir diese Erfahrungen – die im Zweifel wichtiger für ein selbstbestimmtes Leben sind als gute Noten.

Leo soll zusammen mit einem Freund ein Referat halten. Zum ersten Mal beschließen die beiden, eine Präsentation in Power Point zu verfassen. Als ich das höre, juckt es mich begeistert in den Fingern: »Super, da kann ich euch richtig gut helfen – du weißt ja, ich bin Expertin ... Trefft euch doch am besten bei uns, dann stehe ich euch zur Verfügung.«

In den nächsten Tagen höre ich nichts mehr. Eines Abends aber kommt Leo von seinem Freund zurück: »Wir haben das Referat heute fertig gemacht.«

»Wie jetzt, ich wollte euch doch helfen?!«

»Das brauchten wir nicht. Linus kennt sich ganz gut aus.«

Ein bisschen beleidigt bitte ich Leo, mir das Ergebnis zu zeigen – und bin beeindruckt: Die Arbeit sieht anders aus als meine sleeken Marketingpräsentationen. Wilde Farbkombinationen, Texte fliegen ins Bild, Seitenwechsel mit Wischeffekten. Und sie ist großartig, genau so.

Der Erziehungswissenschaftler Reinhard Winter bezeichnet es als »Respektlosigkeit«, Jugendlichen zu viel abzunehmen, insbesondere in Bezug auf die Schule.[21]

Mit jeder Unterstützung, die *wir* anbieten – ob Vokabelabfrage, Referatsgestaltung oder Hausaufgabenkontrolle –, stellen wir unbewusst die Fähigkeit unseres Kindes infrage, die Aufgabe selbstständig zu bewältigen oder zumindest gut genug für unseren Maßstab. Dementsprechend lehrt unsere konsequente Steuerung und Kontrolle unsere Kinder vor allem eins: die eigene Unzulänglichkeit.

Zugegeben, es fällt schwer, sich rauszuhalten.

»Ich muss jetzt leider nach Hause gehen«, sagt mein Freund Jürgen am Samstagabend, »weil ich morgen an Paulinas Seminararbeit schreiben muss.«

Der ganze Tisch lacht, und ich hake nach: »Wieso tust du das?«

»Weil alle Eltern es machen.«

Auch meine Freundin Kirsten erzählt:

> »Ich habe auf meine These für Max nur eine 3 minus
> bekommen. Wahrscheinlich habe ich zu viele
> Ausdrucks- und Rechtschreibfehler eingebaut! Aber
> Max alleine hätte sicher eine 5 bekommen. Kein
> Kind, das seine These selbst verfasst hat, war besser
> als 4 – da muss man doch helfen!«

Ein heikles Thema. Meine Empfehlung: Jugendliche wissen ziemlich genau, ob sie Hilfe brauchen und in Anspruch nehmen wollen. Das sollte unser Entscheidungskriterium sein – und nicht ob *wir* denken, dass sie Unterstützung gut gebrauchen könnten. In den Beispielen stellt sich also die Frage: War es der Wunsch der Kinder, dass Vater oder Mutter die Arbeiten »überarbeiten«? Oder wurde der jeweilige Elternteil durch seinen eigenen Ehrgeiz angespornt, seine Fähigkeiten und Ideen – so wie alle anderen Eltern – »gewinnbringend« für sein Kind einzusetzen.

Grundsätzlich handeln Teenager auch selbst verantwortlich, wenn sie sich bei Bedarf Hilfe organisieren. Auch das gehört zum Erlebnis der Selbstwirksamkeit: Wen und was kann ich mir zu Hilfe nehmen? Wann muss ich mich darum kümmern? Und auch: Um Unterstützung zu bitten, ist kein Eingeständnis von Schwäche. Es macht einen Riesenunterschied, ob wir unserem Kind teure Nachhilfe aufzwingen – womöglich jahrelang – oder ob ein Jugendlicher selbst darum bittet. Wenn die Initiative bei ihnen liegt, sind Jugendliche auch verantwortlich für das Ergebnis – und das ist die Erfahrung, die sie machen sollten.

Genauso verhält es sich mit der Hilfe in der Auseinandersetzung mit Lehrern. Leo erzählt mir manchmal von Situationen, die so ungerecht sind, dass ich sofort aufspringen und den Lehrer oder die Lehrerin mit seinem/ihrem Missverhalten konfrontieren möchte. Tue ich aber nicht. Weil mein Sohn es mir verbietet. Es macht mich unendlich wütend, wenn sein einziger Grund dafür die Sorge ist, dass meine Kritik im Nachgang an ihm ausgelassen wird. Trotzdem akzeptiere ich den Wunsch eines Fünfzehnjährigen, dem ich auch zutraue, dass er sich selbst verteidigen kann. Es gibt Ausnahmen: Wenn sich die Vorfälle bei einem Lehrer oder einer Lehrerin häufen, kann elterliche Unterstützung (oft auch mehrerer Eltern gemeinsam) zur Aufklärung und Entspannung der Situation wichtig sein.

Alles eine Frage der Organisation

Bei aller Überzeugung, man zieht sich als Eltern nicht von heute auf morgen mit einem lockeren Ich-bin-dann-mal-raus aus der Schulaffäre. Denn da wäre ja auch noch die Baustelle im Teenagergehirn, um die wir wissen – mehr noch, deren Wirkung auf die Denkfähigkeiten unseres Kindes wir fast täglich erleben. Loslassen fühlt sich da für mich oft eher an wie Im-Stich-Lassen. Und es bereitet mir schlaflose Nächte, weil ich weiß, dass genau dieses Problem die guten Schüler von den ewig kämpfenden unterscheidet: Wenn ein schulaversiver, pubertierender Jugendlicher sich widerwillig seinen Aufgaben widmet, schlägt er sein Buch auf, starrt für eine halbe Stunde auf den Stoff, dann wird das Buch zugeklappt – »Ich habe gelernt!« Nur leider ohne Sinn und Effekt.

Wir können unserem Kind nicht das Denken abnehmen – aber wir können dabei helfen, effizient zu arbeiten. Wenn es uns denn lässt. Immerhin gibt es ein schlagendes Argument, das jedem Jugendlichen einleuchten sollte: »Wenn du schon kostbare Zeit investierst, dann sollte sie doch auch etwas bringen.« Ich konnte Leo davon überzeugen, dass er sich vor Schulaufgaben einen Überblick über den Lernstoff verschafft und sich überlegt, was er an welchem Tag lernen wird. Ich berate ihn dabei, die richtige Gewichtung zu wählen zwischen dem Lernen der Basics – Regeln, Wortschätzen, Grammatik – dem schriftlichen Üben von Aufgaben und der bewussten Auseinandersetzung mit den gemachten Fehlern. In etwa sollten diese drei Bereiche ein Verhältnis von 1:2:3 haben. Schüler mit nachhaltigen Lernproblemen kommen oft nicht über den ersten Teil hinaus.

Ich habe Leo ermutigt, sich seine Woche anzuschauen und auch für tägliche Aufgaben einen Plan zu machen. Der hängt jetzt an der Wand, immerhin. Die Umsetzung allerdings liegt in seiner Verantwortung. Dies ist ein Tipp der Schulpsychologin an Leos Schule. Sie empfiehlt Eltern, den Schwerpunkt ihrer Unterstützung auf die Lernorganisation zu legen, und leistet damit großartige Hilfe. »Seien Sie glasklar darin, dass Sie die Struktur des Lernens, die Sie vorschlagen, für wichtig und Erfolg versprechend halten. Aber überlassen Sie ihrem Kind die Entscheidung, ob es Ihre Empfehlung annehmen will«, empfiehlt sie. So lassen wir los, aber nicht im Stich!

Du bist genug!

»Bist du zufrieden (mit der Drei in Französisch)?«, frage ich Leo.

»Ich schon, aber ich weiß, dass du es nicht bist.«

Seine Antwort geht mir nah. Nach einiger Überlegung erwidere ich: »Du hast recht. Es fällt mir schwer zu akzeptieren, dass du so wenig wie möglich lernen möchtest. Ich gehe von mir aus, weil ich es früher nicht schlimm fand zu lernen. Aber es ist deine Entscheidung und dein Leben, ich werde also versuchen, mich zu bessern. Und eins ist sicher: Deine Noten ändern nichts daran, wie toll ich dich finde.«

Das Beispiel zeigt, wie schwer es ist, sich nicht nur rauszuhalten, sondern auch umzudenken: zu würdigen, was unser Kind selbst erreicht, und noch wichtiger, zu akzeptieren, was es nicht erreicht. Ich glaube an meinen Sohn, sehe viel mehr in ihm als den desinteressierten Chiller, als den er sich selbst gerne positioniert. Aber meine Wahrnehmung kommt bei ihm anders an, ich gebe ihm offensichtlich das Gefühl, dass er mir nicht gut genug ist.

Was immer uns treibt, Angst oder Ambitionen, wir Eltern legen die Latte zu hoch, wir machen zu viel Druck, lassen uns von der Bedeutung von Noten einfangen, vom Stress, den andere und die ganze Gesellschaft verbreiten. Und dadurch passiert das Schlimmste: Wir geben unserem Kind das Gefühl, nicht gut genug zu sein so, wie es ist. Wenn Teenager heute bis zur totalen Erschöpfung lernen und Burn-outs unter Jugendlichen zunehmen, dann sind wir Eltern mitschuldig. Weil wir mit allen anderen die ewig gleiche Botschaft verbreiten, dass der wertvoller ist, der mehr leistet – und das fängt in der Schule an.

»Leo, das ist ein Ferrari, der mit dreißig Stundenkilometern auf der Landstraße fährt«, sagte Leos erster Lateinlehrer über ihn, »was für eine Verschwendung!« »Wieso?«, wäre vielleicht die passende Antwort gewesen (die wir natürlich nicht gegeben haben), »er genießt halt gerne die Landschaft.«

In diesem Sinne ermutige ich alle Eltern, sich mit großer Gelassenheit auf die Seite ihrer Kinder zu schlagen und zur Not öfter mal an Albert Einstein zu denken, an Thomas Mann oder an Bill Gates – nur einige der genialen Köpfe, die in der Schule versagt und später die Welt mit ihren Ideen bereichert haben.

Vertrauen reloaded

»Dann legt ihr zwischen uns ein Band, sodass wir uns nicht verlieren, sagt ihr. Und dass ich gehen kann, wenn ich will.«, sagt die wunderbare Poetry Slammerin Julia Engelmann in ihrem Gedicht *Für meine Eltern*[22]. Gänsehaut rennt meinen Arm hoch und die Tränen fließen – obwohl ich mir den Auftritt schon mindestens zehn Mal auf YouTube angeschaut habe, berührt er mich immer wieder. Hoffentlich fühlt mein Sohn später auch so! Und hoffentlich gelingt es uns, eine solche Verbindung zwischen uns zu legen! Warum reagiere ich eigentlich so unfassbar emotional auf diese Gedanken und bin damit wahrscheinlich nicht allein?

Statt einem sicheren Band gibt die Pubertät uns das Gefühl, unser Kind zu verlieren – an seine Freunde, an die digitalen Medien, an die Welt da draußen, ans Erwachsensein. *Loslassen* sagt sich so leicht, aber die Realität fühlt sich anders an: Was mal eine selbstverständliche Verbindung war, ist immer öfter out-of-order. Teenager wenden sich von uns ab, und wir uns manchmal auch von ihnen. Viele Eltern fühlen sich, als ginge eine romantische Beziehung zu Ende. Deswegen gefällt mir Julia Engelmanns Bild so gut: Ich mag den Gedanken, dass mir mein Sohn trotz alledem nicht verloren gehen kann.

Das Schlüsselthema

Mein Freund Mike lebt mit seiner Frau in Scheidung.
Die gemeinsamen Söhne leben bei ihrer Mutter. Wie in
so vielen Fällen hat sich die sowieso nicht ganz einfache
Situation für alle Beteiligten noch deutlich verschärft,
seit der ältere Sohn Noah in die Pubertät gekommen ist.
Noah lehnt sich gnadenlos und kategorisch gegen seinen
Vater auf, der früher sein großer Held war. Eines Tages
schüttet Mike mir sein Herz aus. Verzweifelt und wütend
schildert er, wie Noah ihn immer wieder versetzt, wenn
die beiden verabredet sind, wie er die Schule schwänzt,
wie er auch an den gemeinsamen Wochenenden bockig
Aktivitäten verweigert und sich in sein Smartphone ver-
senkt. Am Ende seiner langen Ausführungen hält mein
Freund inne. Er schaut mich an, und bevor ich irgendetwas erwidern kann, sagt er: »Komisch, während ich
dir all das erzähle, fühle ich etwas, das ich vor lauter
Verzweiflung bis jetzt nicht mehr spüren konnte: mein
Vertrauen. Ich vertrau dem Kerl einfach. Trotz allem.
Irgendwie wird schon alles gut werden.«

Nach diesem Gespräch war mir klar, was es ist, das uns Eltern
immer mit unseren Kindern verbinden kann: Vertrauen. Es ist
das Band, das wir legen können, auch wenn wir uns nicht mehr
blind aufeinander verlassen und unsere Beziehung für beide
Seiten komplexer wird.

Vertrauen, wenn es schwierig wird

In der Kleinkind-Eltern-Beziehung ist Vertrauen so selbstverständlich, dass wir nicht einmal darüber nachdenken. In der Pubertät kann es sich über Nacht in Misstrauen verwandeln. Denn erst wenn die schlechten Noten kommen, die notorische Antriebslosigkeit, die gedanklichen Aussetzer, die komplett unnötigen Aktionen, Feiern, Alkohol, Drogen, Sex, Pornos, Ballerspiele, Schulverweise – das ganze jugendliche Grenzgänger-Programm –, bekommt Vertrauen doch eine entscheidende Bedeutung. Erst wenn wir die Kontrolle verlieren, wird es richtig anspruchsvoll zu vertrauen. Wir alle kennen diesen Gedanken: Wer ist das da vor mir? Ich kenne diese Person nicht, was macht sie nur? Wie soll ich diesem Fremden vertrauen? Ein Beispiel:

Als Leo mir erzählt, dass diverse Freunde nun *regelmäßig* Joints rauchen, bin ich besorgt. Kiffen wird von manchen Menschen als harmlos eingestuft, als »viel weniger schädlich als Rauchen oder Alkohol«. Leider steht angesichts aktueller Forschung außer Frage, dass es sich in der Pubertät um ein kritisches Thema handelt: Das Ergebnis der Langzeitstudie eines amerikanischen Forscherteams zeigt, dass Cannabis die Entwicklung des jugendlichen Nervensystems nachhaltig schädigen und bei regelmäßigem Konsum den IQ deutlich senken kann. Das Gehirn, so die Forscher, ist später auch nicht in der Lage, sich von den Folgen zu erholen.[23] Ich frage mich also immer wieder: »Wie stehe ich eigentlich zu diesem Thema?«

Ich muss ein bisschen ausholen, um zu antworten. Wenn mich jemand fragt: »Vertraust du deinem Sohn?«, antworte ich ohne nachzudenken: »Ja, sicher!« Aber wenn in der Pubertätsrealität die nächste Matheschulaufgabe ansteht, überlege ich: »Vertraue ich auf Leos Eigenantrieb, oder ruf ich lieber gleich den Nachhilfelehrer an?« Was ich damit meine: Theoretisch zu vertrauen oder solange es gut läuft – das ist nicht der Punkt. Wenn wir es mit Teenagern zu tun haben, wird uns schnell klar, warum es Vertrauen *schenken* heißt. Echtes Vertrauen beginnt da, wo unsere Komfortzone endet – also zum Beispiel beim Drogenkonsum.

Kennen Sie diese Partnerübung aus Teamworkshops? Man wird mit einer anderen Person zusammengelost und muss sich nun gegenseitiges Vertrauen beweisen, indem man sich rückwärts in die Arme des anderen fallen lässt. Wann wird diese Übung zur Herausforderung? Nicht, wenn man sie mit dem durchtrainierten 1,90 Meter großen Kumpel absolviert. Sondern – so wie es mir passierte – wenn man sich auf die Kräfte der zierlich kleinen asiatische Kollegin, mit der man noch nie ein Wort gewechselt hat, verlassen soll! Will heißen, je schwieriger uns die Situation erscheint, desto bewusster müssen wir uns selbst überzeugen, vertrauen *zu wollen*. Wenn wir es aber tun, passiert etwas: Sich gegenseitig zu vertrauen und damit eine herausfordernde Situation zu meistern, wirkt nachhaltig auf das Verhältnis zwischen zwei Menschen. (Ich stehe noch heute in Kontakt mit Lian, die mich damals sicher aufgefangen hat.)

Zurück zum Drogenbeispiel: Mir ist es wichtig, die Situation auf der Beziehungs-, nicht auf der Machtebene zu lösen. Und dabei hilft nur Vertrauen: Die Moralpredigt vergessen, Vorwürfe runterschlucken, Ängste beiseiteschieben und schlicht Interesse zeigen: »Wie kam es dazu? Was interessiert dich daran? Wie fühlt es sich an?«

Ein weiteres Beispiel dazu:

Im Gespräch erzählt mir Frederik von seinen Erfahrungen: »Ich habe neulich mit meiner besten Freundin zum ersten Mal gekifft. Das habe ich ein paar Tage später meinem Vater erzählt, und wir hatten ein gutes Gespräch darüber. Meiner Mutter habe ich es nicht erzählt, denn die hat mich schon zusammengeschissen, als ich zum ersten Mal ›illegal‹ bei einer Freundin Bier getrunken habe. Mein Vater hat dann gesagt, er muss es meiner Mutter erzählen. Das hat er auch getan, obwohl ich damit nicht einverstanden war. Seitdem kommt immer, wenn ich mit Freunden weggehe, sofort die Frage von ihr: ›Und, geht ihr dann noch kiffen?‹ Das ist nervig und peinlich!«

Was Frederik an seinem Vater schätzt und an seiner Mutter vermisst, ist der ernsthafte Austausch über ein Thema, von dem er weiß, dass es für Eltern kritisch ist. Diese Art von Begegnung wird aber nur möglich, wenn wir darauf vertrauen, dass unsere Argumente nicht dauerhaft ins Leere gehen, auch wenn ein Teenager sich nicht immer nach unseren Vorstellungen verhält.

Kontrolle abzugeben und Freiheit zu gewähren heißt nichts anderes, als zu vertrauen. Spürbares Vertrauen der Eltern kann Jugendliche vielleicht nicht davon abhalten zu experimentieren – ob mit Drogen, Alkohol, Ballerspielen oder seltsamen Freunden –, aber wenn sie die Verbindung zu uns spüren, werden sie uns bei ihren Abenteuern nicht *verloren* gehen.

Sich selbst vertrauen

Auch die Jugendlichen müssen sich von ihrer urgegebenen kindlichen Bereitschaft, sich – komme, was wolle – auf die Eltern zu verlassen, verabschieden. Wenn Jugendliche in der Pubertät anfangen, intensiv über sich selbst nachzudenken, spüren sie früher oder später, dass sie sich auf niemanden mehr *einfach so* verlassen wollen – weil sie sich nur selbst finden können, wenn niemand anderes ihnen sagt, wer sie sein sollen. Nur: Auf die behütende Fürsorge der Eltern zu vertrauen, gab zweifellose Sicherheit. Sich davon zu lösen, stürzt Teenager ins Ungewisse. Plötzlich müssen sie eigene Vorstellungen entwickeln, eigene Entscheidungen treffen und sich vor allem selbst vertrauen!

Das klingt nach einem einsamen Ritt ins Unbekannte. Ist es aber nicht: Wir sind komplexe soziale Wesen, unsere Selbstwahrnehmung hängt von anderen ab, und Vertrauen – auch in uns selbst – lernen wir durch die Erfahrungen, die wir mit anderen machen. Sich auf Menschen einzulassen, Freundschaft zu erleben, aber auch zurückgewiesen zu werden und Enttäuschungen zu verarbeiten ist ein weiter Erfahrungsweg, den Teenager gehen müssen, um Vertrauen zu lernen.

Die wohl härteste Schule des (Selbst-)Vertrauens sind für Teenager ihre Peers: Was sage ich meiner besten Freundin, die sich an den Jungen ranmacht, der mir auch gefällt? Wie verhalte ich mich, wenn meine engsten Freunde anfangen, regelmäßig Alkohol zu trinken und zu kiffen – ich mich damit aber unwohl fühle? Jugendliche gewinnen Selbstvertrauen, indem sie heikle Situationen meistern. Und auch wenn viele dieser prägenden Erfahrungen unbemerkt an uns Eltern vorbeigehen – in diesem Entwicklungsprozess spielen wir trotzdem eine große Rolle: Kinder können nur lernen, sich selbst zu vertrauen, wenn wir sie unterstützen – mit unserem Vertrauen! Darauf, »dass sie im Rahmen ihrer persönlichen Erfahrung bestmögliche Entscheidungen treffen.[24]« Dieses Vertrauen zwischen Eltern und Teenagern muss sich in der Pubertät weiterentwickeln. Es basiert auf der Beziehung und den Erfahrungen der Kindheit, aber es bekommt jetzt eine neue, bewusstere Qualität. Lassen Sie uns genauer ansehen, was diese eigentlich ausmacht:

GLÜCKSSTRATEGIE

Erwachsen vertrauen

Auf Vorschuss

Am letzten Schultag vor den Ferien trank der vierzehnjährige Ben zum ersten Mal einige Flaschen Bier mit seinen älteren Freunden. Völlig betrunken und unfähig, sein Fahrrad zu fahren, wurde er von zwei Kumpels spät nach Hause gebracht. In der Nacht musste ein Eimer platziert werden, und Ben war am nächsten Morgen ein Häufchen Elend. »Er hat sich vor sich selbst geekelt«, erzählte mir seine Mutter Birgit später, »es war schlimm. Aber ich hatte eine spontane Idee – ich habe bei Amazon einen Alkoholtest bestellt, und wir haben eine neue Regel: Beim Nachhausekommen müssen die Kinder blasen, und wenn der Wert zu hoch ist, bleiben sie am nächsten Wochenende zu Hause «

Bens Mutter ist begeistert von ihrer modernen Lösung. Vielleicht wäre die Situation allerdings eine Chance gewesen, über Spaß und Risiken des Trinkens zu diskutieren, Verständnis für jugendliche Experimentierfreude zu zeigen und das Vertrauen in die Eigenverantwortlichkeit des Sohnes ohne Kontrollinstanz auszudrücken.

Das Beispiel zeigt, wie wir als Teenagereltern unser Vertrauen automatisch an Bedingungen knüpfen. Wir geben erstens Kriterien vor und fordern zweitens Beweise dafür, dass sie eingehalten werden. Und wenn nicht? Wenn wir entdecken, dass entgegen unserer Vereinbarung gezockt wurde oder die vereinbarte Zeit fürs Nachhausekommen auf der Party vergessen wurde? Dann packen wir enttäuscht die Misstrauenskeule aus. »Ich kann dir nicht vertrauen, weil ...« Die Liste der Auflagen, die aus einem unberechenbaren einen vertrauenswürdigen Teenager machen, ist üblicherweise lang. Dabei unterliegen wir einem grundsätzlichen Denkfehler: Ein solcher Anforderungskatalog beweist doch gerade, dass wir *nicht* vertrauen!

So wie auch das, was mir Elisa erzählt:

> »Meine Mutter ortet mich ja auch übers iPhone, ich finde das aber nicht schlimm – damit sie mir vertrauen kann, finde ich das in Ordnung.«

Ein weiteres Beispiel:

> Meine Freundin Clara klagt über ihre fünfzehnjährige Tochter:
> »Schon wieder hat Mia mir erzählt, dass sie bei ihrer Freundin übernachtet. Als ich die Mutter darauf ansprach, wusste die von nichts. So habe ich herausgefunden, dass Mia bei ihrem Freund war – was ich ausdrücklich verboten hatte, weil sie lernen muss. Ich kann ihr einfach nicht vertrauen.«

»Ich übernachte bei meiner Freundin« ist die übliche Ausrede jugendlicher Mädchen, die sich Freiraum fürs Feiern und Flirten schaffen wollen. Wenn es ihnen gelingt – denn die Handyortung ist durchaus üblich unter

Müttern, die lieber kontrollieren, als ihrem Kind zu vertrauen.

Lena erzählt mir im Gespräch, wie es auch anders laufen kann:

> »Mit sechzehn hat Mama mir die Verantwortung
> übergeben – sie will nur noch wissen, mit wem
> ich wo bin, wie lange kann ich selbst entscheiden.
> Und sie vertraut mir. Ich könnte ja auch behaupten,
> bei einer Freundin zu übernachten, wenn ich
> bis morgens weggehen wollte, aber das mache ich
> nicht.«

Wenn ich mit meinen Freundinnen darüber spreche, wie Vertrauen auf der einen Seite und Kontrolle auf der anderen das Verhalten von Teenagern beeinflussen, landen wir regelmäßig in der Sackgasse einer »Henne-Ei«-Diskussion: Macht der unaufhaltsam rebellische Charakter der Teenager unser Vertrauen zu Recht unmöglich? Oder ist es unser geschenktes Vertrauen, das die Verhaltensweisen des Jugendlichen beeinflusst – sei es, weil sie dann nichts haben, gegen das sie sich auflehnen müssen, sei es, weil sie uns beweisen wollen, dass sie unser Vertrauen verdienen? Meine Meinung ist, dass Vertrauen der Eltern Jugendliche erwachsen macht und damit auch verantwortungsvoll. Allerdings sollten wir uns darauf einstellen, dass Teenager nicht nach einem Wenn-dann-Prinzip funktionieren. Enttäuschung gehört zum Elterndasein ebenso wie unermüdliche Vorleistung. Und ja, es ist eine Herausforderung, bedingungslos und wider jugendliche Unstetigkeit zu vertrauen – aber ich empfehle trotzdem, dem Herz zu folgen und nicht nur stichhaltigen Beweisen.

Mutig

Warum fällt es uns so schwer, Teenagern zu vertrauen? Weil wir befürchten, dass etwas schieflaufen könnte. Uns fehlt oft schlicht der Mut, daran zu glauben, dass unser Kind sein Leben auch ohne unsere Hilfe meistern wird.

Wer Mut hat, der wagt Ungewisses trotz seiner Ängste. Eltern sind selten mutig, wenn es um ihre Kinder geht – zu übermächtig sind ihre Sorgen. Teenager dagegen sind naturgegeben wagemutig. Das Unbekannte reizt sie bekanntermaßen besonders, während es uns Eltern bremst. Eine denkbar schlechte Konstellation, wenn es ums Vertrauen geht! Und es scheint, als ängstigten wir Eltern uns heute mehr denn je: Früher sind Kinder auf Bäume geklettert, und die Eltern bekamen nichts davon mit. Heute stehen wir unter dem Baum, um unser Kind notfalls aufzufangen. Wir nehmen voll am Geschehen teil und spüren das Risiko, als sei es unser eigenes. Herbert Renz-Polster und Gerald Hüther urteilen in ihrem Buch *Wie Kinder heute wachsen* zu Recht: Eltern sind heute viel zu nah dran![25]

Auch wenn Teenager selten auf Bäume klettern – das Beispiel lässt sich problemlos übertragen: Wir sind unglaublich nah dran am Lernen für die Schule, an der ersten Liebe, an den ersten Partys. Welchen Mut brauchen wir also? Den, zurückzutreten und unser Kind sein Leben mehr und mehr allein leben zu lassen, ohne dauernd Einblicke zu fordern.

Das Problem dabei ist unsere Vorstellungskraft: Selbst wenn wir uns faktisch raushalten, kann sie regelrechte Horrormovies produzieren. Gerade die Situationen, auf die wir keinen Einfluss haben, malen wir uns besonders blumig aus. Wenn Leo im Sommer bis spät am Abend im

Münchner Englischen Garten abhängt, denke ich nicht: »Er hat bestimmt Spaß«, sondern »Was wenn er – womöglich angetrunken – im unberechenbaren Eisbach verunglückt?« Die faszinierende Tatsache ist, dass wir auch durch solche Schreckensszenarien versuchen, die Situation unter Kontrolle zu bringen. Nach dem Motto »Lieber läuft es schlecht nach Plan, als gar nicht zu wissen, was passiert.« Absurd – aber unser Gehirn funktioniert automatisch so.

Was können wir gegen diese Gedanken tun? Sie lassen sich nicht einfach abschalten. Stimmt! Aber man kann üben, sich nicht von ihnen einnehmen zu lassen. Sie überhaupt bewusst wahrzunehmen ist dabei schon der erste Schritt. *Du hast Gedanken, aber du bist nicht deine Gedanken* sagen Achtsamkeitsexperten.

Renz-Polster und Hüther schreiben, dass Eltern innerlich davon überzeugt sind, ihre Angst durch Kontrolle überwinden zu können.[26] In der Pubertät können wir lernen, dass es einen besseren Weg gibt: mit mutigem Vertrauen die Kontrollsucht überwinden und uns damit von unseren lästigen Ängsten zu befreien.

Zum Abschluss sei gesagt, dass es natürlich auch Situationen gibt, in denen wir Mut beweisen, weil wir nicht *blind* vertrauen, sondern abenteuerlustige Teenager vor echten Risiken bewahren. Der Klassiker:

Die fünfzehnjährige Anna möchte bei ihrem siebzehnjährigen Freund übernachten. Sie ist frisch verliebt und stinksauer, als die Eltern ablehnen und sie bitten, den Freund zu sich nach Hause einzuladen.

»Bitte, ihr seid gemein, vertraut ihr mir gar nicht?«

Diese Frage setzt vor allem jene Eltern ziemlich unter Druck, die genau das tun wollen. Deshalb ist eine gute Antwort in dieser Situation: »Wir vertrauen dir, aber nicht der Situation. Wir kennen deinen Freund noch nicht. Er kann gerne erst einmal zu uns kommen. So lernen wir ihn kennen. Dann kann er bei uns übernachten, und du wirst dich in deiner eigenen Umgebung auch sicherer fühlen.«

Gegenseitig

Im Austausch mit anderen Eltern kommt mir die Sache mit dem Vertrauen in der Pubertät stets ziemlich einseitig vor: Es geht nur darum, ob wir Eltern unserem Teenager (noch) vertrauen können oder sollten. Ich stelle mir in manchen Situationen gerne die Gegenfrage: Sind wir Eltern eigentlich vertrauens*würdig*?

»Paulinas Freund hat gestern per WhatsApp mit ihr Schluss gemacht, er ist anscheinend jetzt mit dem Megafeger der Schule zusammen. Aber sprich sie bloß nicht darauf an, dann rastet sie aus, weil ich es dir erzählt habe«, raunt mir meine Freundin zu, als wir die Familie zum Abendessen besuchen. Es scheint das Normalste der Welt zu sein, Bekannten und Unbekannten solche Geschichten zu erzählen. Manchmal möchten wir Eltern so die Ratschläge anderer Betroffener einholen, na gut. Aber ebenso oft wollen wir einfach nur eine Story zur Unterhaltung beitragen, so wie dieser Vater, der neulich beim Frühstück im Hotel am Nebentisch der gesamten Runde erzählte: »*Wir* rasieren uns ja jetzt, damit aus dem Flaum endlich ein Bart wird!« Der Blick des bemitleidenswerten Sohns, der meinen traf, signalisierte etwas zwischen

Scham und blankem Hass. Machen wir uns jemals Gedanken über die Gefühle unseres Kindes angesichts unseres Mitteilungsbedürfnisses? Gerade Teenager können solche Berichte als empfindliche Störung ihrer Privatsphäre empfinden – eben als Vertrauensbruch.

Es war mein Sohn Leo, der mich hier zum Nachdenken brachte. Mit zwölf schon weigerte er sich plötzlich, Fotos von sich machen zu lassen, weil wir die »immer unseren Freunden präsentierten« und damit »seine Privatsphäre verletzten«.

Viel kritischer erschien mir in diesem Zusammenhang vieles, was ich in diesem Buch schreibe – so dachte ich zumindest. Aber: Leo vertraut mir. Warum? Noch bevor ich auch nur ein einziges Wort zu Papier gebracht hatte, führte ich viele sehr intensive Gespräche mit ihm. Über meine Idee, über die Art und Weise, wie ich zu schreiben plante, und vor allem darüber, welche Rolle er im Buch spielen würde. Irgendwann legte er seine anfängliche Skepsis ab. Es war mir gelungen, ihm glaubhaft zu vermitteln, dass ich wirklich um seine Zustimmung bat, dass ich nichts ohne sein ausdrückliches Einverständnis schreiben und zur Not sogar auf mein Projekt verzichten würde. Erst im Nachhinein wurde mir bewusst: Er machte sich weniger Sorgen darum, irgendwie entblößt zu werden, sondern es ging vielmehr um den Wunsch, wahrgenommen und einbezogen zu werden. Nachdem sich Leo sicher war, dass seine Meinung für mich eine Rolle spielte und ich diese nachhaltig bedenken würde, schenkte er mir auch sein Vertrauen.

ZUGEHÖRT

Aus meinen Gesprächen mit Teenagern

Von meinem Sohn Leo lerne ich jeden Tag, dass Teenager ihre eigene Sicht auf die Welt haben und dass es immer bereichernd ist, ihnen zuzuhören. Ich bin sehr dankbar dafür, dass Leo mit seiner Meinung nie zurückhaltend ist. Und ich wollte dieses Buch nicht schreiben, ohne weitere junge Erwachsene zu Themen zu Wort kommen zu lassen, die sie (und uns Eltern) bewegen. Am Ende jedes der drei Teile finden Sie deshalb im Kapitel »Zugehört« einige Zitate aus Gesprächen, die ich mit Jugendlichen geführt habe. Die Namen sind dabei selbstverständlich zur Wahrung der Privatsphäre anonymisiert.

Was hat sich am Verhältnis zwischen dir und deinen Eltern in den letzten Jahren verändert?

»Früher dachte ich: ›Meine Mutter versteht mich sowieso nicht!‹ Aber je älter ich werde, desto mehr merke ich, dass ich ihr eigentlich ziemlich ähnlich bin. Deshalb kann ich ihr jetzt viel mehr anvertrauen, weil ich jetzt weiß, dass sie es versteht.«   *Kyra, 15*

»Am radikalsten habe ich gemerkt, dass ich jetzt mehr verstehe, dass meine Eltern nicht nur meine Eltern sind, sondern auch Menschen, die ihre Probleme haben. Das macht sie sehr viel greifbarer. So wie wenn man einen

Star kennenlernt – und merkt: Das ist ja auch nur ein Mensch.«   *Frederik, 17*

»Wenn die sagen: ›Geh jetzt ins Bett!‹, sagt man nicht ›Okay, ja klar!‹, sondern eher ›Hey, es ist erst zehn, lass mich in Ruhe, ich mach hier gerade mein Ding.‹ Da höre ich jetzt nicht sofort auf.«   *Paul, 14*

»Als ich dreizehn war, hatte ich ein Gespräch mit meiner Mutter, in dem sie mich vorgewarnt hat, dass ich mich in der Pubertät von ihr abwenden werde. Ich habe ihr damals gesagt, dass das auf keinen Fall passieren wird – aber es ist passiert! Wir hatten früher dieses wahnsinnig gute Verhältnis. Wir haben über alles gesprochen – gut, das tun wir auch jetzt noch, aber immer eher aus Streit heraus. Und mittlerweile versuche ich auch, ihr viele Sachen vorzuenthalten, weil sie sonst wieder in eine falsche Richtung interpretiert und ich mir nur denke: ›Wie kommst du denn jetzt darauf?‹«   *Danny, 16*

»Bei schulischen Sachen würde es mir guttun, wenn meine Mutter auch zu mir noch sagen würde ›Setz dich hin und lern!‹. Bei meinem Bruder macht sie das immer. Sie fragt ihn zum Beispiel Vokabeln ab, bei mir macht sie das nicht mehr, und wenn ich sie darum bitte, hat sie auch mal keine Lust.«   *Carla, 15*

»Mit der Mama hat sich in den letzten Monaten ziemlich viel verändert, seit das mit den Jungs anfing. Das ist schon ziemlich schwierig für sie. Auch mit dem Rausgehen, da will ich natürlich immer länger, als sie mir erlauben will. Der Papa ist da viel entspannter. Er will schon wissen, wo ich bin und wann ich nach Hause komme, aber er muss nicht unbedingt wissen, mit wem ich zusammen bin. Das ist der Mama total wichtig: mit wem und ganz genau, wo ich bin.«   *Elisa, 16*

»Früher bin ich mit Problemen erst mal straight zu meiner Mutter gegangen, weil ich vor meinem Vater einen sehr großen Respekt hatte. Ich möchte auf keinen Fall, dass er etwas Falsches denkt über mich. Das ist immer noch so, aber heute merke ich, dass er mir wirklich unfassbar ähnlich ist: Er war in den gleichen Fächern schlecht wie ich, er hat dieselben Erfahrungen mit Mädchen gemacht wie ich und dieselben Erfahrungen mit Freunden. Das schweißt einfach zusammen.«   *Frederik, 17*

Was an Eltern nervt

»Sie mischen sich sehr viel ein, wenn es um Schule geht. Wenn es ums Durchkommen geht, sind sie so streng, da habe ich nichts mehr zu sagen.«   *Paul, 14*

»Es gibt für meine Mutter kein ›Stopp‹. Selbst wenn ich in mein Zimmer gehe, kommt sie drei Minuten später aus irgendeinem Grund hinterher. ›Mach es doch so ...‹ kommt dann. Ich glaube, es wird besser, wenn ich mal ausziehe. Man hat sich dann mehr zu erzählen, wenn man sich mal sieht oder telefoniert. Und man kann auflegen – also besser Distanz aufbauen.«   *Lena, 17*

»Es gibt eigentlich nur um die Schule öfter Streit. Ich bin zu faul. Oder meine Eltern sehen das so, ich nicht. Also sie denken, ich bin viel zu faul, ich denke, ich bin ein bisschen zu faul. Es gibt Diskussionen, wie ich meine Prioritäten setze! Ich sage: ›Am Ende muss ich mit den Konsequenzen leben und nicht sie.‹ Sie haben Angst, dass ich ihnen irgendwann vorwerfe, dass sie mich nicht genug unter Druck gesetzt hätten. Aber das wird nicht so sein, weil ich wirklich weiß, wofür ich verantwortlich bin und wofür ich nicht verantwortlich bin.«   *Basti, 18*

»Egal was ich mache – ob es der Geburtstag von meiner besten Freundin oder einfach irgendeine Party ist –, ich muss um drei zu Hause sein. Ich versuche, ein bisschen rauszuhandeln und manchmal schaffe ich es auch, aber eigentlich ist es immer halb drei oder drei. Was ja eigentlich in meinem Alter voll okay ist, aber es nervt trotzdem.«   *Elisa, 16*

»Mama will immer spannende Geschichten hören, die es gar nicht gibt. Sie denkt, wir leben wie in einem Film und sind keine normalen Schüler.«   *Luisa, 17*

»Das Schulthema. Da machen sie mir eigentlich gar keinen Druck – aber ein schlechtes Gewissen. Die Mama sagt immer: ›Lern mal, lern mal.‹ Sie denkt immer, ich mache nichts, aber sie sieht ja gar nicht, ob ich lerne – macht mir aber zum Vorwurf, dass ich ja *nie* was mache. Das nervt mich schon ziemlich. Also Schule und Rausgehen – das sind die Hauptthemen.«   *Elisa, 16*

»Die logische Argumentation fehlt mir bei meiner Mutter völlig. Sie ist einfach immer nur emotional. Damit komme ich nur klar, wenn wir nicht so viel Kontakt haben und nicht so viel reden.«   *Danny, 16*

»Meine Mutter ist so krass neugierig und mischt sich noch mehr ein als Freundinnen. ›Triff dich doch mal wieder mit dem!‹, ›Sehen wir den jetzt öfter?‹, ›Der sieht doch gut aus – ist der nicht was?‹

Ich glaube, sie meint es ja nur gut – aber wenn Töchter etwas erzählen wollten, würden sie es tun, da muss man nicht die ganze Zeit fragen.«   *Lena, 17*

»Wenn ich nach Hause komme und eine schlechte Note habe, fühle ich mich beschissen. Wenn ich es meinen Eltern erzähle, kommt: ›Du hast eine schlechte Note, wie beschissen!‹ Das brauche ich echt nicht. Ich verabscheue dieses doppelt und dreifach Sagen. Und es ist mit so vielen Sachen so. Wenn ich gerade denke: ›Ich müsste mal wieder die Spülmaschine ausräumen oder mein Zimmer aufräumen‹, kommt von meinem Vater: ›Hey, räum mal bitte die Spülmaschine aus und dein Zimmer auf.‹«
Paul, 14

»Dass sie nicht einfach mal das Thema wechseln, wenn die Laune kippt.«   *Elisa, 16*

»Dass sie übertreiben mit ihren Maßnahmen. Die Lehrer sagen beim Elternsprechtag, dass die Noten nicht so gut sind – und das ist dann das Ende der Welt. Obwohl ich weiß, dass ich das Schuljahr locker hinkriege, muss ich dann gleich Nachhilfe bekommen. Ich hasse doch Schule, also möchte ich doch nicht ein Jahr länger dahin gehen, das wäre doch Wahnsinn. Also würde ich mich auch so zusammenreißen, aber das glauben meine Eltern nicht.«

Paul, 14

»So Sachen wie Handyverbot, Computerverbot, Internetverbot – wenn sie meinen das durchziehen zu müssen, das nervt.«

Paul, 14

»Das Rausgehen ist Konfliktpunkt Nummer eins. Es gibt jedes Wochenende Streit. Also nicht schlimmen Streit, aber Diskussionen, wie lange ich weg darf und wohin. Das nervt mich. Die Mama versteht es bestimmt, dass ich mich mit meinen Freunden treffen will. Und wenn ich zu spät komme, mach ich das ja nicht, um sie zu ärgern, sondern weil ich noch bei meinen Freunden sein will. Aber sie fühlt sich dann immer persönlich angegriffen, ist total sauer auf mich, dass ich sie so enttäusche. Das will ich eigentlich überhaupt nicht.«

Elisa, 16

Machen sich deine Eltern Sorgen um dich?

»Sie bleiben immer wach, bis ich da bin. Deshalb habe ich immer ein schlechtes Gewissen, denn du weißt halt: Meine Eltern schlafen nicht.«

Kyra, 15

»Ja, meine Mutter hat mir schon verboten, aufs Oktoberfest zu gehen.«

Danny, 16

»Ja, beim Weggehen. Meine Mutter ruft sofort an, wenn ich nur zehn Minuten zu spät komme. Sie bleibt wach, bis ich komme, und sagt ›Komm nicht so spät, ich möchte schlafen gehen, aber auf dich warten.‹ Objektiv ist das ja nett, aber es nervt schon. Aber es ist auch ein schönes Gefühl, wenn jemand auf einen aufpasst.«　　　　*Luisa, 17*

»Ja, dass ich die Prioritäten falsch setze und das später bereuen werde. Und dass ich zu viel feiere, Alkohol trinke und rauche.«　　　　*Basti, 18*

ICH VERSTEH DICH!

In wilden Zeiten unterstützen

Die Suche nach sich selbst

Neulich holte ich Leo mit dem Auto von der Schule ab. Das passiert höchstens einmal im Jahr – wie mir bewusst wurde, als ich vor dem Haupteingang auf ihn wartete. Er verspätete sich ein bisschen, und ich nutzte gerne die Gelegenheit, die nach dem Gong aus der Schule kommenden Teenager zu beobachten: Wie eine Herde Klone strömten sie heraus, die Mädchen mit den obligatorischen langen Haaren, abgeknicktem Unterarm und einer Handtasche daran. Jungen und Mädchen im Einheitslook – alle, wirklich *alle*, tragen jetzt schon seit vielen Wintern diese dunklen Anoraks mit Fellkragenbesatz. Nie wieder sehen Menschen eines Alters so gleich aus, egal wo auf der Welt. Später irgendwann wird es furchtbar wichtig, individuell und irgendwie anders zu sein – mit fünfzehn aber will man unbedingt so sein *wie* die anderen. So auszusehen wie alle gibt Jugendlichen Sicherheit, wenn alles unsicher wird. Wenn die große Suche nach dem Selbst beginnt und Teenager nicht mehr wirklich wissen, wer sie sind, geschweige denn, wer sie sein wollen. Wenn sie nicht sicher sind, ob sie gemocht werden, so wie sie sind, oder so, wie sie sein können – in diesen Zeiten schenken der *Snipes*-Sweater, die *Longchamps*-Tasche und die *Nike*-Sneaker zumindest äußerlich ein bisschen Identität.

Große Fragen – große Unsicherheit

Was macht Teenager so unsicher? Jugendliche spüren sehr deutlich, wann sie bereit sind, sich von den Eltern und der Welt ihrer Kindheit zu lösen. Mit dieser Abnabelung aber geht ihnen ihr Selbstverständnis verloren: »Ich bin das Kind meiner Eltern und ich gehöre zu ihnen« – mehr Identität braucht es zuvor nicht. Ich bin Marie, Paul, Sarah – der Name reicht Kindern für ein starkes Ichgefühl und die Differenzierung von anderen.[27] In der Pubertät verlieren sie plötzlich die Sicherheit dieser begrenzten Wahrnehmung. Und die größte aller Fragen – *Wer bin ich?* – zeigt sich in ihrer ganzen Komplexität, das heißt im Paket mit all den anderen, die Heranwachsende für sich beantworten müssen: *Was will ich sein? Was kann ich? Was bin ich wert? Was mögen andere an mir?*

Die Suche nach Identität ist die Suche nach Antworten – ein langer, intensiver und experimenteller Weg. Die Pubertät stattet Heranwachsende mit den Eigenschaften aus, die sie für ihre Suche brauchen – es sind genau die, die uns Eltern regelmäßig in den Wahnsinn treiben: extreme Neugier, große Risikofreude, Lust am Ausprobieren, Gier nach Erlebnissen und natürlich die Fähigkeit, diese unendlich tiefen Gefühle zu entwickeln. Teenager müssen sich in Erfahrungen stürzen, um sich selbst zu finden. Sie müssen Vollgas geben und so intensiv und exzessiv wie möglich leben, weil sich die großen existenziellen Fragen eben nicht beantworten lassen, »indem man brav Hausaufgaben macht«, wie die Philosophin Rebekka Reinhard es ausdrückt. Teenager dürsten nach dem Außerordentlichen, vieles machen sie zum ersten Mal. Der erste Rausch, der erste Sex, das erste Mal Autofahren, das erste Mal allein ins Ausland. Jedes dieser Erlebnisse hinterlässt Spuren im Gehirn ebenso wie im Erfahrungsschatz des Heranwachsenden.[28] Aus dem Patchwork seiner Erfahrungen wird der Teenager sich seiner selbst, anderer und des Lebens an sich bewusst und entwickelt damit seine neue Identität als junger Erwachsener.

Wir sind soziale Wesen, deshalb ist unsere Selbstwahrnehmung untrennbar verbunden mit der Wahrnehmung durch andere. Identität ist letztlich nichts anderes, als sich von den einen abzugrenzen und die Zugehörigkeit zu den anderen zu begehren. Das bleibt ein Leben lang so, aber nie suchen wir beides so extrem wie in der Pubertät:

Sich von den Eltern zu lösen funktioniert nur für die Wenigsten im Schonwaschgang. Manch Erwachsener beneidet Jugendliche um ihre scheinbar unendlichen Möglichkeiten – am Anfang des Erwachsenwerdens liegt unser Leben quasi ungeschrieben vor uns. Dabei vergessen wir, wie beängstigend diese totale Freiheit sein kann. Denn wo genau soll ich anfangen, mich zu erfinden? Teenager tun das Naheliegende: Sie werden sich erst einmal darüber klar, was sie *nicht* sein wollen. Und das bedeutet eben, sich mit aller Macht gegen das Altvertraute des Elternhauses zu wenden – in Gedanken und durch Handlungen, rücksichtslos und gerne gegen Widerstände.

Ich weiß, was ich nicht sein will

»Die Eltern haben dich ja gerade als das in die Welt gesetzt, was du nicht sein möchtest. Sie haben dich so gemacht, wie sie dich haben wollen, wie sie dich *brauchen*. Mit ihrem ganzen Wissen und ihrer ganzen Liebe. Deshalb sind sie blind für die Lücken und Leerstellen, die dich so verletzlich machen, blind für all die Möglichkeiten, die deine Generation eben erst andenkt und die es zu ihrer Zeit noch gar nicht gegeben hat. Mit den Mitteln, die ihnen zur Verfügung standen, haben sie ihr Bestes gegeben, aber früher oder später bist du selbst deines Glückes Schmied.«[29]

Johanna, die Protagonistin in Caitlin Morans Coming-of-Age-Roman *All About a Girl* beschreibt, was die meisten Teenager fühlen: Um sich selbst zu finden, müssen sie das, was die Eltern ihnen vorleben, infrage stellen – das Leben der Eltern wird im besten Fall liebevoll im Rückspiegel betrachtet, aber es fühlt sich zu eng an, voller blinder Flecken für die ungeahnten Möglichkeiten der Zukunft, die wahrzunehmen die Generation der Eltern nicht imstande ist.

Aktuell werden Jugendliche gerne als zu brav dargestellt, als Generation, die kein Interesse an Revolution gegen die Eltern mehr hat, sondern nach Mainstream und Sicherheit strebt. »Etwas mehr Reibung wäre wünschenswert«, sagt Marc Calmbach, Autor der Sinus-Jugendstudie.[30] Wahrscheinlich hat er keinen Teenager zu Hause!

Es wird darüber philosophiert, dass Jugendliche nicht mehr gegen ihre Eltern rebellieren können, weil die selbst dauerjugendlich bleiben wollen, zerrissene Jeans tragen, weiterhin in Klubs gehen und auch mit vierzig gerne noch mit Rucksack reisen. Ich fühle mich angesprochen – natürlich sind wir eine ganz andere Elterngeneration als frühere, natürlich machen wir uns Symbole der Jugend zu eigen. Aber wir erleben auch, dass unsere Teenager das nicht immer gutheißen:

Jana ist mit ihrem Mann auf eine Party eingeladen. Sie stylt sich nach allen Regeln der Kunst: Minirock, High Heels, Glitzertop – unwiderstehlich in ihren Augen. Gut gelaunt verabschiedet sie sich von ihren Kindern, vierzehn und fünfzehn. Die ältere Tochter platzt heraus:

»Mami, so willst du nicht ernsthaft rausgehen? Das ist wirklich peinlich. Du bist über vierzig und nicht zweiundzwanzig. Hoffentlich weiß da keiner, dass du unsere Mutter bist.«

Tja, so kann es kommen, die Tochter grenzt sich ab, indem sie die Mutter in ihre Generationsschranken weist: Sexy Ausgehklamotten sind für Jugendliche gedacht, nicht für Mittvierziger! Der gerade angesagte Stil jugendlicher Mädchen könnte auch eine Gegenbewegung sein: hochgeschlossene Blusen mit Schluppenschleife – *extrem anders* kann auch sehr brav daherkommen. Also: Pubertäre Abgrenzung daran festzumachen, ob die aktuelle Generation sich die Haare blau färbt, die Lippen pierct und nackt demonstrieren geht, halte ich für zu oberflächlich betrachtet. Aus meiner Sicht ändert sich die Form des Aufbegehrens gegen die Eltern, nicht aber die Tatsache an sich. Und es gibt unendlich viele mögliche Terrains der Abgrenzung – abhängig davon, wofür *die Erwachsenen* stehen, als Ganzes und im Einzelfall.

»Hast du etwas gegessen?«, frage ich Leo mal wieder.
»Hab mir eine Nussschnecke gekauft.«
»Das gilt nicht.«
»Bei mir schon. Ich bin satt, ciao.«

Was lustig klingt, ist für mich ein Riesenthema: Leo protestiert in jeder erdenklichen Form gegen die große Bedeutung, die gesunde Ernährung für mich hat. Smoothies, Quinoa Muffins, Blumenkohlsuppe – kann ich vergessen, nicht mal probieren ist drin, da ist er kategorisch. Man könnte auch sagen rebellisch. Auf seine Weise eben.

Ute erhält einen Anruf der Schule: »Wir bräuchten bitte langsam ein ärztliches Attest, ihr Sohn Maximilian ist ja nun schon zwei Wochen krank.« Nur dass die Mutter nichts weiß davon ... Es stellt sich heraus, dass Maximilian ganz klassisch geschwänzt hat. Er ist morgens normal aus dem Haus gegangen, hat aber dann die Schulzeit im Apple Store verbracht, jeden Tag. Im Gespräch versuchen die Eltern zu verstehen, was los ist: »Geht es dir nicht gut? Hast du Sorgen? Warum möchtest du nicht hingehen?« Seine Antwort ist viel banaler: »Nö, alles okay, ich wollte das mal ausprobieren. Ist doch eh so langweilig in der Schule, was soll ich da?«

Schule schwänzen, dahinter muss kein ernstes Problem stecken, wie Mobbing etwa. Maximilian lehnt sich schlicht gegen das auf, was für die Eltern – und die Gesellschaft – selbstverständlich ist. »Wofür soll ich das brauchen im Leben?«, fragen sich viele jugendliche Schüler. Maximilian ist einen Schritt weitergegangen und wollte erleben, wie es sich anfühlt, zumindest temporär die Konsequenz aus dieser Haltung zu ziehen. Für Eltern eine schwierige Situation, in der wir uns zu Recht fragen, wie wir uns verhalten sollen. Statt ihm eine Moralpredigt zu halten, haben Maximilians Eltern sich für seine Sicht der Dinge interessiert und ihm signalisiert: »Wir möchten verstehen, was in dir vorgeht.« Damit haben sie die Tür für Gespräche geöffnet – und das ist der einzige Weg, der zur Einsicht führen kann. Mit Vorwürfen, Druck und Strafandrohung dagegen erreichen wir nur, dass der Teenager sich in seiner provokativen Rebellion bestätig fühlt.

Meine Freundin Anja ist entsetzt: Ihre Tochter Elisa, gerade sechzehn geworden, hat zum ersten Mal einen »richtigen« Freund. Doch der ist alles andere als der Traumtyp der Eltern. Er hat die Schule abgebrochen und arbeitet jetzt als Barkeeper im Münchner P1. Die Eltern machen sich Sorgen.

Klar, auch die Liebe kann ein Auflehnen gegen das Elternhaus sein – ob nun bewusst oder unbewusst. In diesem Fall ist Elisas Wahl vielleicht ihre Art, den Eltern, die großen Wert auf gute Noten legen, zu signalisieren, wie unwichtig ihr die sind. Und ich würde sagen: Da müssen die Eltern durch! Denn wie wir aus den großen Liebesklassikern wissen: Wenn Eltern ihren Unmut gegen die Herzenswahl der Kinder bekunden oder gar gegen die Beziehung einschreiten wollen, wird das Gefühl nur intensiver und die Sache noch spannender.

Die Abgrenzung des Teenagers von unserer Lebensweise, unseren Entscheidungen und unserem Verhalten ist vielfältig, unvorhersehbar und extrem schwankend: Heute wird der SUV der Eltern verweigert und morgen Plastikvermeidung als »Ökoscheiß« abgelehnt, der Strandurlaub auf Mallorca ist für »Touris«, aber »Wir machen ja immer nur Kulturreisen.«

Wir erleben plötzlich, dass sich unser Kind einmischt und uns gnadenlos hinterfragt: Wo Kleinkinder sich nur traurig zurückziehen, ergreifen Teenager Partei, wenn sich die Eltern streiten. Sie erkennen und benennen Ungerechtigkeiten, schauen hinter unsere Fassaden und decken sie auf. Das können wir als Affront empfinden, oder wir sehen es als willkommene Anregung zur Selbstreflektion. Zur kritischen Betrachtung, ob wir authentisch sind und ob all das, was wir jeden Tag selbstverständlich tun, sagen, kaufen und wie wir miteinander umgehen, wirklich unseren Überzeugungen entspricht.

Teenager grenzen sich ab von dem, was sie nicht (mehr) sein wollen. Aber wer oder was *wollen sie sein*? Und zu wem gehören sie, wenn nicht zu den Eltern? Auf der Suche nach dem Selbst ist das Gegenstück zur Abnabelung der Wunsch nach neuer Orientierung. Deswegen spielen die Erfahrungen mit Gleichaltrigen in der Pubertät eine so entscheidende Rolle.

Dazugehören

Zugehörigkeit ist eines der Grundbedürfnisse des Menschen, ein Leben lang. In der Pubertät wird dieser Wunsch übermächtig. Jenseits der selbstverständlichen Bindung zu den Eltern spüren Teenager so bewusst wie nie zuvor, wie sehr sie sich danach sehnen, von einzelnen Menschen oder Gruppen angenommen zu werden – und wie sehr es schmerzt, Ablehnung zu erfahren. *Wer mag mich? Was muss ich dafür tun oder gerade nicht tun?* und *Wie komme ich damit zurecht, nicht dabei zu sein?* Das sind die alles entscheidenden sozialen Fragen in der Pubertät, daran erinnern wir uns alle. Von Gleichaltrigen Bestätigung zu bekommen wird wichtiger als von den Eltern, denn die Peers sind die neuen Bezugspersonen, die Teenagern das Gefühl geben, wertvoll zu sein.

Identität stiftet dementsprechend alles, was Jugendliche *dazugehören* lässt. Das ist zuallererst – und für die Eltern offensichtlich – ein Aufgebot an Äußerlichkeiten. Ich erinnere mich noch gut an den Tag, an dem mir Leo freundlich, aber bestimmt mitteilte: »Mama, ich kann diese Sachen jetzt wirklich nicht mehr tragen!« Völlig überrascht stand ich da mit meiner Bestellung von H&M, denn bis zu diesem Moment hatte sich mein Sohn nicht im Geringsten für Klamotten interessiert und dankbar all das getragen, was seine modebewusste Mutter ihm (günstig) anschleppte. Plötzlich war es wichtig, die richtigen Skater-Label zu kennen – und sie sich leisten zu können. Leider. Das Styling der Jungs ist allerdings harmlos verglichen mit den vielen Nachmittagen, die Mädchencliquen – laut Erzählungen ihrer Mütter – in der Stadt oder im Einkaufszentrum verbringen. Shopping ist Freizeitbeschäftigung, und ein neues Teil zu ergattern, das die Bewunderung der Freundinnen garantiert, ist ein Stück weit identitätsstiftend.

Aber natürlich geht es nicht nur um die richtige Kleidung: Wir Eltern kennen die vielfältigen Teenagerwünsche, die letztlich alle dem Bedürfnis entspringen, mitzureden und dabei zu sein: Computerspiele, TV-Serien, Markenklamotten, YouTube-Channels. Aber auch: Barbesuche, One-Night-Stands, Rauschzustände. Haben, Wissen, Dürfen, Können – all das verschafft Wertschätzung der Freunde, und ja, Status ist wichtig: So erzählt mir meine Freundin Carolin entsetzt, dass ihre Tochter Celina sie gefragt habe, ob die Mutter zu ihrem fünfzehnten Geburtstag nicht den Porsche eines Freundes ausleihen könne, um sie und ihre Freundinnen zum Essen zu fahren. Kein Witz!

Für uns Erwachsene kann die Dynamik im Pulk aufkreuzender Jugendlicher ganz schön befremdlich sein. Ich diskutiere gerne mit meinen Bekannten, was wir schlimmer finden: kichernde Mädchen, die auf superdämlich machen oder alberne Jungs, die sich gegenseitig in Pseudocoolness übertreffen. Man erkennt sein eigenes Kind nicht mehr, sobald es mit Freunden zusammen ist. Es mutiert zum Fremden mit veränderter Stimme, seltsamer Ausdrucksweise und pöbelhaften Umgangsformen. Um die Zugehörigkeit zu den Freunden zu demonstrieren, muss die Distanzierung von den Eltern auf die Spitze getrieben werden.

Dahinter steckt auch noch etwas anderes: Die Peergroup ist für Teenager das Spielfeld, auf dem sie ihr neues Selbst ausprobieren können. Als Kind ihrer Eltern werden sie auf bestimmte Eigenschaften festgelegt – auf eine Rolle, die sie auch als Jugendliche im Familienumfeld nur schwer loswerden. Mit Freunden aber können sie andere Seiten an sich entdecken: frech sein, wenn sie sich zu Hause brav und angepasst verhalten, aufreizend, wenn Sex zu Hause ein Tabuthema ist, laut und mutig, wenn sie als Kind eher zurückhaltend waren. Im Umfeld der Freunde trauen sich junge Erwachsene mehr zu – und sind gleichzeitig dem Gruppenzwang ausgesetzt. Der verstärkt den Durst nach Anerkennung, den Wunsch, Extremes auszuprobieren und die Befürchtung, etwas zu verpassen. (Dieses Phänomen hat mittlerweile sogar einen offiziellen Namen: FOMO, *Fear-Of-Missing-Out.*) Und natürlich kommt es auch wegen und mit Freunden zu den teenagertypischen Experimenten mit Alkohol, Zigaretten und Drogen – denn welcher Jugendlicher trinkt oder kifft schon allein? Die Verbreitung des Alkoholkonsums ist in den letzten Jahren zwar deutlich gesunken – im Vergleich zwischen 2007 und 2015 von 12,7 auf 3,5 Prozent bei zwölf- bis siebzehnjährigen Jungs und von 11,1 auf 4,3 Prozent bei Mädchen.[31] Trotzdem bleibt es eines der kritischen Themen, mit denen wir Eltern uns auseinandersetzen müssen.

Vor allem bei Mädchen gibt es ein Weiteres, das durch den Druck der Peergroup – real und virtuell – brisant geworden ist: Schönheit, insbesondere Dünnsein. Laut Bravo-Dr. Sommer-Studie meinen 78 Prozent aller Elf- bis Siebzehnjährigen, dass es einen Zusammenhang zwischen Beliebtheit und Dünnsein gibt. Jedes vierte zwölfjährige Mädchen hat heute schon einmal eine Diät gemacht.[32] Auf Instagram & Co. begegnen junge Frauen quasi ununterbrochen dem makellos inszenierten Selbst mehr und weniger bekannter Gleichaltriger. Mein Patenkind zum Beispiel, ein normales sechzehnjähriges Mädchen, hat über 1300 Follower bei Instagram. Das sei aber »nichts Besonderes« sagt sie. Die Bilder, die sie von sich postet, sehen für mich alle gleich aus: Die langen Haare ums Gesicht gelegt, freundlich-lasziver Selfie-Standard-Blick. Die Kommentare der Anhängerschaft auch: »sooo hübsch«, »beauty«, »cutie«, »wow«. Schon irgendwie befremdlich, wie wichtig diese Form der Anerkennung heute ist. Aber es ist die Realität unserer Töchter – let's face it. Mit altklug feministischer Verteufelung schlagen wir die Tür für ein Gespräch leider zu.

Es ist so, wie Familienberater Jan-Uwe Rogge sagt, »… bevor es zu einer Neuorientierung und Stärkung des Ichs kommt, müssen Jugendliche viele Irrwege, Sackgassen und Umleitungen durchwandern. Denn die Ich-Bildung vollzieht sich nicht geradlinig. Stete Veränderungen bringen für alle Beteiligten große Anstrengungen mit sich: Manche Eltern zweifeln am Verstand ihrer Kinder, sehen sie in der Gosse oder Psychiatrie landen.«[33]

Aber wir sollten versuchen, Verständnis dafür aufzubringen (oder uns einfach nur zurückzuerinnern!), wie herausfordernd die Aufgabe ist, sich selbst zu (er-)finden. Caitlin Morans Romanprotagonistin Johanna findet die richtigen Worte dafür: »Was macht man nur, wenn man dabei ist, sich selbst zu erfinden – und plötzlich merkt, dass man es völlig verkehrt angepackt hat? Man tritt alles in die Tonne und fängt noch mal von vorne an, was sonst? So sieht sie aus, die schöne Jugendzeit: eine unendliche Folge von Abriss und Wiederaufbau.«[34]

Alles andere als bedeutungslos

Welche Bedeutung haben wir Eltern in diesem Prozess überhaupt noch? Wir werden aufs Abstellgleis gestellt – sollen wir also nur noch still beobachten oder uns nach Vogelstraußmanier Kopf-in-den-Sand zurückziehen? Natürlich nicht! Hinter dem überdeutlich zur Schau gestellten neuen Selbstbewusstsein unseres Teenagers steckt noch viel Unsicherheit. Teenager werden verletzlich, sobald sie anfangen, die kindliche Beziehung zu ihren Eltern zu hinterfragen, weil ihre neuen Bindungen instabil sind und das Selbstwertgefühl kommt und geht. Jesper Juul appelliert also zu Recht an uns Eltern: »Jugendliche haben keinen ausgeprägten Bedarf an der aktiven Unterstützung, wenn ihr Leben sich harmonisch ... entwickelt. Doch benötigen sie die volle Unterstützung ihrer Eltern, wenn ihr Leben kompliziert und chaotisch wird und sie um jeden Millimeter ihrer neuen Identität kämpfen müssen.«[35] Aber wie kann man jemanden »voll unterstützen«, der meist deutlich signalisiert »Lasst mich in Ruhe, ich komm allein zurecht«? Es beginnt mit einer Frage der inneren Einstellung: Stehe ich das durch, oder stehe ich zur Seite. Ich plädiere für Letzteres. Mir gefällt das Bild, ein Begleiter zu sein auf dem steinigen Weg der Selbstfindung.

GLÜCKSSTRATEGIE

Zur Seite stehen

Vorbild sein

Mit dem Vorbild sein ist es so eine Sache: Manchmal könnte ich panisch werden, wenn ich daran denke, dass alles, was ich tue oder nicht tue irgendeine Wirkung auf die Entwicklung meines Kindes hat. Puh. Für die Pubertät gibt es dazu eine gute und eine schlechte Nachricht. Die schlechte zuerst: Auch wenn sich Jugendliche von den Eltern lösen, sie können gar nicht anders, als uns zum Vorbild zu nehmen. Egal, was wir also tun, es hat automatisch Vorbildwirkung – positiv wie negativ. Die gute Nachricht dabei ist: Es kommt nicht darauf an, alles richtig zu machen – sondern darauf, authentisch zu sein. Mehr denn je. Was heißt das?

In der Kindheit sind Eltern das idealisierte Vorbild: So, wie sie sind, sind sie im Weltbild des Kindes perfekt. In der Pubertät beginnen Kinder ihre Eltern wahrzunehmen, wie sie *wirklich* sind, und ihr Verhalten zu hinterfragen. »Warum sagst du es Caro nicht einfach, dass sie dich nervt?«, »Warum hörst du nicht auf mit diesem Job, der dich so stresst?« Sie sehen plötzlich vieles, was Eltern in ihren Augen falsch machen, und konfrontieren uns damit. Für ihre eigene Entwicklung spielt das eine wichtige Rolle. Klar, es fällt leichter, sich von den Eltern zu lösen, wenn man diese besonders seltsam findet und sich vornimmt, *so* bestimmt nicht zu werden. Wie oben beschrieben sind das schon ein paar Anhaltspunkte für das eigene Ich.

Darüber hinaus aber tragen wir als Vorbild zur Entwicklung des Selbstwertgefühls unserer Teenager bei, indem wir ihnen vorleben, wie wir mit unseren schwachen Seiten umgehen: Wenn wir offen über Enttäuschungen sprechen, vermitteln wir, dass es normal ist, nicht immer erfolgreich zu sein. Wenn wir Fehler zugeben, zeigen wir, dass wir darauf vertrauen, trotzdem wertgeschätzt zu werden. Wenn wir offen über falsche Entscheidungen sprechen, demonstrieren wir, wie selbstverständlich es im Leben ist, auch mal den falschen Weg einzuschlagen.

Wir stärken unsere Kinder in ihrer Selbstfindung, wenn wir durch unser Leben erfahrbar machen, dass nicht nur zielstrebige, super erfolgreiche und wunderschöne Menschen geliebt werden und glücklich im Leben sein können. Identität heißt auch, sich selbst anzunehmen, zu sich zu stehen, zu seinen Stärken wie zu seinen Schwächen – auch mal gegen den Druck einer bewunderten Person oder Gruppe. Wenn wir unseren Kindern ein glaubwürdiges Vorbild sein wollen, dann ist jetzt die Zeit vorbei, in der wir ihnen etwas vorgespielt oder verheimlicht haben. Dann müssen wir spätestes jetzt als Eltern *wir selbst* sein.

Das neue Ich annehmen

Daniel, sechzehn, hat seit geraumer Zeit ein neues Hobby: mit großer Leidenschaft eignet er sich Wissen über Luxusgüter an. Nach den Bentleys und Porsches dieser Welt sind es gerade Luxusapartments, denen seine Begeisterung gilt und in deren detaillierte Recherche er seine Zeit steckt: Ob Penthouse am Central Park oder Luxusloft in Shanghai, er verbringt Stunden damit, sich im Netz schlauzumachen, verfolgt Quadratmeterpreise an der Fifth Avenue und kennt die einschlägigen Immobilienmakler. Sein Ziel im Leben, das vertritt er lautstark: »Viel Kohle machen, damit ich mir diesen krassen Luxus einfach so leisten kann.« Seine Eltern verstehen die Welt nicht mehr: Wie kommt ihr Sohn zu diesem seltsamen Interesse? Und noch viel schlimmer: Wie zu diesem in ihren Augen fragwürdigen Lebensziel?

Das Beispiel zeigt, dass es nicht immer nur Alkohol- und Drogenexzesse sind, die uns Eltern an der Entwicklung unseres Jugendlichen beunruhigen. Manches befremdet uns auch, ohne dass wir uns Sorgen um die Gesundheit machen müssen – eher um den geistigen Weg, der da gerade eingeschlagen wird. Wie gehen wir damit um?

Der erste Impuls von Daniels Mutter Ruth: Sie fragt belustigt nach, ob das »sein Ernst« sei, und schießt noch einige spöttische Kommentare hinterher.

Es ist keine Seltenheit, dass Teenager ein Interesse entwickeln – oftmals mit der ihnen eigenen Leidenschaft –, das Eltern am liebsten unterbinden würden. »Wir leben auf hohem Niveau, haben eine schöne Wohnung und leisten uns außergewöhnliche Urlaube. Aber wirklich wichtig sind uns doch andere Dinge – Freunde, Beziehungen, dass wir uns gut verstehen. Zur Schau gestellter Luxus geht doch gar nicht!«, begründet Ruth ihre Abneigung. Für sie konterkariert Daniels neue Vorliebe das, was sie ihm »doch hoffentlich vorgelebt und mitgegeben haben«.

Das Gefühl ist verständlich, an den Maßstäben der Eltern gemessen, zeigt Daniel plötzlich erschütternd materialistische Züge. Zur Entwicklung des erwachsenen Ichs gehört es aber, eigene Wege zu erkunden – und das kann eben auch mal ein Hobby sein, das den Eltern suspekt ist. Wenn wir darauf mit Abneigung, Desinteresse oder gar belustigt reagieren, wird sich unser Kind zurückziehen. Wir kränken damit sein neues Selbstverständnis. Wollen wir die Persönlichkeitsentwicklung unterstützen, sollten wir nicht unsere Bewertung in den Vordergrund stellen, sondern der neuen Leidenschaft wertfrei Beachtung schenken und die Tatsache an sich wertschätzen, dass der Teenager sich mit so großem Eifer einem Thema widmet.

Zeit geben

Teenager leben im Moment – sie gehen ihren Weg Schritt für Schritt, und wenn sie überhaupt etwas planen, dann meist Luftschlösser. Deshalb erscheinen sie uns Eltern häufig sprunghaft oder ziellos. Die Persönlichkeitsentwicklung beschert uns schlaflose Nächte – weil sie in die falsche Richtung geht oder gerade gar nicht stattfindet. Auf Phasen totaler Verzweiflung folgen zwar manchmal Erleichterung und Hoffnung – aber nur bis wir feststellen, dass wir uns zu früh gefreut haben und sich die nächste irre Wendung in der Geschichte vom Erwachsenwerden anbahnt.

Wie so oft wird die Sache nicht besser dadurch, dass wir genau hinhören, was andere zu berichten haben. Ich höre ständig Geschichten – erzählt von Eltern mit älteren Kindern –, die mich beruhigen sollen: »Mach dir keinen Kopf, alles halb so wild, Liam hat in der zehnten Klasse plötzlich Gas gegeben, und alles war gut.« Na dann. »Laura wusste ganz plötzlich, dass sie Medizin studieren will, und bis sie einen Studienplatz bekommt, macht sie jetzt ein soziales Projekt.« Toll. Aber wann ist es bei uns so weit?

Wir erleben Gleichaltrige, die so viel reifer wirken als unser Kind, selbstbewusst, zielstrebig, erwachsen eben.

Und wir können die Nervosität nicht abstellen, die diese Wahrnehmung in uns auslöst: Wann endlich schlüpft der wunderschöne Schmetterling aus seinem Pubertätskokon?

»Alle rütteln, zerren und zupfen an diesem Menschen, damit er in Schwung kommt und sein Erwachsenwerden endlich Form annimmt«, schreibt Rebekka Reinhard[36] kritisch: Wir machen nicht nur unser Kind, sondern auch uns selbst verrückt mit unserer Ungeduld. Lassen wir der Natur ein bisschen Zeit, erwachsen sein müssen Kinder noch lang genug. Teenager brauchen etwas anderes von uns: eine Wahrnehmung ohne Vergleiche und die Zuversicht, dass alles gut werden wird. Darum geht es im nächsten Kapitel.

Rückenwind geben

Letzte Woche beim Elternsprechabend:

»Hallo, Frau Overbeck, nehmen Sie Platz. Sie sind die Mutter von Leo? Ich schau gerade mal in meine Unterlagen. Nein, mit Leo gibt es keine Probleme, da müssen wir nichts besprechen. Haben Sie sonst noch eine Frage? Dann noch einen schönen Abend!« Nach drei Minuten stehe ich wieder vor der Tür. Mit dem seltsamen Gefühl, die Zeit des Lehrers verschwendet zu haben und der traurigen Erkenntnis: Gute Nachrichten sind keine, schon gar nicht, wenn es um Teenager geht! Entwicklungserfolge, soziale Kompetenz, Enthusiasmus? All das erfordert ja kein Handeln – ist deshalb also nicht vorgesehen im Elterngespräch. Das ist traurig. Aber ganz ehrlich, sind wir Eltern immer so viel besser? Wir sind doch selbst die größten Bedenkenträger, sobald die Pubertät losgeht. *Wie lösen wir die Probleme?*, ist unser Leitgedanke, und unser Blick für das Gute in unserem Kind ist von all den Schwierigkeiten oft ganz schön vernebelt.

Teenager sind Beta-Versionen

Der menschliche Geist schenkt negativen Ereignissen mehr Aufmerksamkeit als positiven, selbst wenn diese überwiegen. Der Psychologe Martin Seligman nennt es das »Katastrophendenken«, das wir Menschen uns aus der Vorzeit erhalten haben:

Wir haben als Art überlebt, weil wir immer mit dem Schlimmsten gerechnet haben.[37] Bis heute registrieren wir Gutes und Schönes weniger als Probleme und Sorgen: Wir sprechen gerne über das, was nicht perfekt ist – über den einen Regentag in den zwei Wochen Traumurlaub. Wenn etwas danebengeht, ist das immer die wichtigere Story.

Diese menschliche Tendenz zum halb leeren Glas trifft besonders Jugendliche hart. Die Außenwelt ist misstrauisch gegenüber Heranwachsenden. Erwachsene beobachten, was da körperlich und geistig vor sich geht, und sie haben den nächsten Fehler schon antizipiert, bevor er passiert. In der Pubertät erreicht dieser Optimierungswahn seinen Höhepunkt: Man hat ja nun quasi die Beta-Version des Erwachsenen vor sich. Super wichtig also, dass Fehler bemerkt und ausgemerzt werden. Jugendliche bekommen vor allem gesagt, worin sie schlecht sind – und das nicht nur von ihren Eltern. Sie sind umgeben von Menschen, die ihnen das Gefühl geben, nicht auszureichen: Lehrer lassen keine Zweifel aufkommen, wenn sie jemanden als Loser sehen. Sporttrainer erst recht nicht. Und auch unter Freunden haben Schwächen einfach den größeren Unterhaltungswert! Das ist bitter, weil die Neigung zur Selbstkritik in dieser Zeit sowieso systemimmanent ist: Zu schlecht, zu hässlich, zu dick, zu dumm, zu ungeschickt – die üblichen Teenagergefühle bedürfen gewiss keiner Verstärkung. Aber genau das passiert, jugendliche Unsicherheiten werden bestätigt und potenziert, statt aufgelöst. Heranwachsende sind auf der Suche nach Identität besonders empfänglich für die Meinungen und Erwartungen ihrer Bezugspersonen. Während sie sich damit beschäftigen sollten, was sie (sein) können, bekommen sie vor allem gesagt, was sie *nicht* sind. Sollten wir als Eltern nicht versuchen, hier entgegenzuwirken?

Selbst erfüllende Erwartungen

Niklas musste sein Handy in die Reparatur geben. Er überredet seine Mutter, ihm ihr privates zu leihen – sie habe ja noch ihr Firmenhandy. Sie willigt ein, ermahnt ihn aber ausdrücklich, dass er sich unterstehen solle, sich irgendwelche Spiele über ihr Konto herunterzuladen – sie werde das genau prüfen. Als sie einige Wochen später ihre Handyrechnung in den Händen hält, traut sie ihren Augen nicht: 800 Euro sind für Downloads aufgelaufen. Sie stellt ihren Sohn zur Rede: »Warum hast du das getan? Es ist dir doch klar, dass du von mir nie wieder mit einer solchen Geste rechnen kannst!« Seine Antwort: »Weil ich wütend war, dass du mir so etwas zutraust!«

Niklas wehrt sich gegen die schlechten Erwartungen, die seine Mutter ihm gegenüber zeigt, indem er sein Verhalten anpasst. Die Mutter hat also indirekt selbst bewirkt, dass ihr Sohn sich nicht korrekt verhält. Ein klassischer Fall von *self-fulfilling prophecy*! Das Phänomen wurde unter dem Namen Rosenthal- (oder auch Pygmalion-)Effekt seit 1971 viele Male nachgewiesen. Immer wieder wurde dabei gezeigt, dass die Leistung von Schülern auch von der Erwartungshaltung ihres Lehrers abhängt – oder anders formuliert: Wenn jemand Gutes von dir erwartet, steigt die Wahrscheinlichkeit dafür, dass du auch Gutes leistest, und umgekehrt.

»Wenn sie so etwas für möglich hält, kann ich es auch machen«, denkt sich Niklas im Beispiel oben. Seine Mutter räumte ein, dass sie gar keinen Grund hatte, anzunehmen, er würde ihre Gutmütigkeit ausnutzen. Aber es geht uns doch oft wie ihr: Wir sind Teenagern gegenüber grundsätzlich misstrauisch.

Erst einmal Positives zu erwarten – das ist eine echte Herausforderung. Ein anderes Beispiel:

> Leo jammert über die anstehende Deutschprüfung: »Ich hasse diese Bildgeschichten, das ist doch für Grundschulkinder.« Meine Antwort: »Na ja, Aufsätze sind ja eher *grundsätzlich* nicht dein Ding – du liest ja auch nicht.«

Versteckte Kritik, die ich da unterbringe, ohne mir Gedanken zu machen. Eigentlich will ich ihn dazu anregen, öfter mal ein Buch zu lesen. Was aber ankommt, ist: »Du bist hoffnungslos schlecht in Deutsch – deine Sorge ist berechtigt.« Das wollte ich nicht sagen – habe ich aber. Wenn ein Kind solche Aussagen oft genug hört, glaubt es am Ende selbst daran, und meine schlechte Erwartungshaltung hilft Leo sicher nicht dabei, eine gute Geschichte zu schreiben!

Auch im Alltag mit Teenagern schleichen sich gerne negative Annahmen ein: »Obst isst er doch sowieso nicht, das kannst du wegräumen« – schon die banalsten Dinge werden sicherheitshalber schlecht eingeschätzt. »Ich bin halt Realist«, sagt der Pessimist – und fühlt sich bestätigt, wenn es dann wie erwartet kommt.

Was, wenn wir uns genau diesen Effekt zunutze machten, aber in umgekehrter Richtung? Wir sehen doch den Wald vor lauter Kritik-Bäumen nicht: Ein Heranwachsender wird nicht stark und sicher dadurch, dass wir ihm seine Schwächen vor Augen halten. Jugendliche wachsen, wenn wir sie mit positiven Erwartungen beflügeln. Wenn sie von uns lernen, sich selbst wertzuschätzen, wider alle Zweifel.

Die Macht positiver Gefühle

Positives Denken, das hat einen Touch von Esoterik auf Grußkarten-Niveau. Tatsächlich aber gibt es eine Fachrichtung der Psychologie, die sich wissenschaftlich mit der Kraft positiver Emotionen und des Optimismus beschäftigt, die sogenannte *Positive Psychologie*. Als noch sehr junger Zweig der Forschung setzt sie ein Gegengewicht zu den traditionellen Ansätzen: Während diese um menschliche Defizite kreisen, sie untersuchen und heilen wollen, beschäftigt sich die Positive Psychologie damit, wie sich Menschen weiterentwickeln können und was sie befähigt, ein erfülltes Leben zu führen.[38]

Zu den wichtigsten Voraussetzungen – da sind sich die verschiedenen Vertreter der Richtung einig – gehören positive Gefühle. Mit deren Wirkung hat sich zum Beispiel die amerikanische Forscherin Barbara L. Fredrickson befasst. In zahlreichen Experimenten konnte sie nachweisen: »Positive Emotionen verändern den Menschen zum Besseren. Sie lassen ihn hoffnungsvoller in die Zukunft blicken, steigern die Widerstandskraft und stärken soziale Bindungen.«[39] Wer viele gute Gefühle hat, der hat Freude am Leben – solche Menschen gelten als Optimisten. Martin Seligman, auch der *Vater der Positiven Psychologie* genannt, untersuchte intensiv die Wirkung dieser positiven Grundeinstellung: »Optimismus und Hoffnung schützen uns gegen Depression, wenn uns Schicksalsschläge treffen, sie verhelfen uns zu einer besseren Arbeitsleistung ... und schenken uns bessere körperliche Gesundheit.«[40] Seligman stellt auch einen Zusammenhang her zwischen Optimismus und Selbstwertgefühl: Optimisten nehmen die Dinge weniger persönlich. Sie bleiben in schwierigen Situationen hoffnungsvoll und betrachten die Situation als Einzelfall.[41]

Was bedeutet das für Teenager? Ein optimistischer Jugendlicher denkt zum Beispiel bei einer Fünf in Mathe: »Was für ein Pech, dieses Mal ging es daneben, aber ich habe ja noch viele Chancen, es besser zu machen.« Ein pessimistischer Schüler bezieht den Misserfolg auf sich selbst – generell und ohne Hoffnung auf Besserung: »Ich kann Mathe nicht.« Er fühlt sich wertlos und befürchtet, auch beim nächsten Mal zu versagen. Und genau diese Angst kann dazu beitragen, dass es dann tatsächlich so kommt.

Seligmans Erkenntnisse gelten für Menschen jeden Alters. Jugendliche sind aus meiner Sicht besonders gefährdet, pessimistisch an sich zu zweifeln und sich wertlos zu fühlen. Wir Eltern können dem entgegenwirken: Wir können sie mit unserer Zuversicht darin bestärken, sich selbst positiv wahrzunehmen, sodass sie aus den Schwierigkeiten der Pubertät gefestigt hervorgehen. Dafür aber müssen wir unseren eigenen inneren Schalter, der auch meist auf *skeptisch* steht, überzeugt auf *zuversichtlich* stellen.

GLÜCKSSTRATEGIE

Die optimistische Perspektive

Stärken entdecken

Unter den vielen Fragen, die Jugendliche beschäftigen, ist »Was kann ich wirklich gut?« eine der präsentesten. Wahrscheinlich gelingt es vielen Menschen nicht einmal als Erwachsene, sie für sich zu beantworten. Dafür wissen die meisten ziemlich genau, was sie *nicht* können. Wir lernen nun mal eher, uns mit unseren Schwächen auseinanderzusetzen, als unsere Stärken zu erkennen. Und wenn doch, dann sind es die, die tagtäglich die Hauptrolle spielen: »Bist du naturwissenschaftlich oder sprachlich begabt?« Ob Kinder etwas gut können oder nicht, geht kaum über den Horizont von Schulfächern hinaus. Zu selten geben wir unseren Kindern Rückmeldung zu dem, was sonst noch in ihnen steckt.

Ein Beispiel:

> Wie viele andere Kids war Leo vom *Minecraft*-Virus infiziert. Nicht gerade zu meiner großen Freude. Eines Tages bat er mich um einen Gefallen: Er wollte für eine Gruppe von Freunden einen eigenen Server im Netz mieten. Ich sollte die Onlinebezahlung vornehmen, weil sie eine Kreditkarte erforderte. Erwartungsgemäß reagierte ich skeptisch, aber es gelang ihm, mich zu überzeugen: Das benötigte Geld bekam ich von Leo – vorgestreckt von seinem Taschengeld. Er hatte genau ausgerechnet, wie viele Freunde teilnehmen müssten, damit die Summe für jeden einzelnen tragbar war. Nach meiner Zustimmung akquirierte er seine Mitstreiter und teilte ihnen die genauen Teilnahmebedingungen mit: Kosten x, Zugriff auf den Server erst nach Bezahlung. Innerhalb von drei Tagen hatte er alles unter Dach und Fach.

Es ging um die Optimierung eines Computerspiels. Dem kann ich nichts Positives abgewinnen. Zumindest nicht auf den ersten Blick. Aber in diesem Fall machte ich Leo ein ernst gemeintes Kompliment: »Toll, wie du das organisiert hast!« Was ich noch dachte (aber nicht sagte): »Wenn du das gleiche Engagement auch für Schulprojekte aufbringen könntest ...« Und da war er schon wieder, der Leistungsbezug: Für uns Eltern zählen die guten Eigenschaften, die sich in der Schule zeigen und vielleicht noch die im Sport. Was aber ist mit den vielen anderen Stärken, die ein Kind haben kann: Fällt es ihm leicht, auf Menschen zuzugehen? Schlichtet es jeden Streit? Bringt es gerne Freunde zusammen? Hat es immer eine Idee parat? Ist es besonders mutig, großzügig, ehrlich, gerecht ...?

Es ist wichtig für ein erfülltes Leben, immer wieder positiv über sich selbst zu reflektieren: Was fällt mir leicht? Was gibt mir Kraft? Worin fühle ich mich sicher? Die Vertreter der Positiven Psychologie, Martin Seligman und Christopher Peterson, sehen das Erkennen der persönlichen »Signaturstärken« sogar als Schlüssel zum erfüllten Leben: Wenn wir uns unserer besten Eigenschaften bewusst werden, steigert das unser Wohlbefinden, so die Forscher. Wenn wir sie ausüben, blühen wir auf, fühlen uns authentisch und positiv aktiviert, nicht ängstlich oder erschöpft.[42]

Helfen Sie Ihrem Kind, sich dieser Stärken bewusst zu werden, sie überhaupt wahrzunehmen und wertzuschätzen – besonders als Gegengewicht zu weniger guten Schulleistungen!

Die rosarote Brille aufsetzen

Ist Ihnen auch schon aufgefallen, für welchen Mist Dreijährige großen Applaus bekommen? Sogar fürs aufs Klo gehen! Zehn Jahre später ist nichts von dieser Motivationswelle übrig geblieben. Den äußerlich und innerlich sperrigen Teenager zu loben ist einfach weniger selbstverständlich, als den knuddeligen kleinen Sonnenschein zu bejubeln. Auch weil uns garantiert immer hundert Dinge einfallen, die Anerkennung gerade nicht rechtfertigen. Und trotzdem oder gerade deshalb können Teenager einen Schwung Wertschätzung so gut gebrauchen. Also rosarote Brille auf und mal wieder etwas Gutes bemerken, kleine Erfolge zelebrieren, sich mit dem Kind freuen: über die Zwei in Kunst trotz der Fünf in Mathe, über das (überraschend) pünktliche Nachhausekommen, über den neuen coolen Style oder über die Teller, die freiwillig abgeräumt werden. Zwischen dem inflationären Lob, mit dem Kleinkinder überschüttet werden, und der Dauerkritik, die Teenager begleitet, ist viel Raum für einen Mittelweg. Dank, Anerkennung oder einfach nur freudige Anteilnahme zeigen Heranwachsenden nicht nur, dass wir sie respektieren und positiv wahrnehmen, sondern auch, wie wichtig es ist, guten Ereignissen mehr Aufmerksamkeit zu schenken, als den uns oft so wichtig erscheinenden schlechten.

Du schaffst das!

Leo ist zu faul, um gute Noten zu schreiben. Er tut cool und lehnt Lernen als »für Streber« ab. Und mit jeder weiteren schlechten Note steigt nicht nur der Druck, sondern sinkt vor allem sein Selbstvertrauen. Lange habe ich blind gegen seine Faulheit gekämpft: Teenager chillen zu viel und scheren sich zu wenig um die Schule – »Leo, wenn es dir ernst damit ist, besser werden zu wollen, dann musst du einfach etwas ändern!« Irgendwann aber bemerkte ich mein Brett vor dem Kopf: Es ist nicht *einfach* für ihn, gegen sein Phlegma anzukommen! Und es wird auch nicht besser, wenn ich ihm dies regelmäßig vor Augen führe – er weiß es selbst am besten. Was also will ich eigentlich erreichen? Das, was die meisten Teenagereltern wollen, meinen Teenager motivieren – oder. besser gesagt: seine Selbstmotivation wecken. Aber wie genau geht das? »Motivation ist Lebensenergie«, sagt Michaela Brohm-Badry. Die renommierte Professorin für Empirische Lehr-Lern-Forschung und Didaktik erklärt, wie (empirisch nachgewiesen) stark die eigene Motivation davon abhängt, mit welchen Menschen wir uns umgeben: Mit solchen, die uns positive Energie schenken, oder mit solchen, die uns »durch negative Kommentare, abwertende Bemerkungen, wenig Wertschätzung« Energie nehmen und damit Motivation zerstören. Das können wir Eltern leider ziemlich gut: »*So* kann das ja nichts werden!« »Deenergetisierend« nennt Brohm-Badry solche Kommentare. Sie rät Eltern stattdessen, positive Wahrnehmungen in Worte zu fassen.[43]

Also gut, das versuche ich jetzt auch immer öfter: »Ich sehe, dass du Zeit investierst.« Auch solche Motivationen machen aus Leo keinen Musterschüler. Sie ändern nichts daran, dass er alles hasst, was mit Schule zu tun hat. Aber zwischen uns hat sich etwas verändert: *Er* spricht über das Bekämpfen seiner Faulheit, seit ich es nicht mehr tue. Ich entdecke einen Hauch von Antrieb bei ihm. Und mein Optimismus fängt ihn auf, wenn die Schulwelt mal wieder ihre Abgründe auftut. Schenken Sie Ihrem Kind ein bisschen zuversichtliche Leichtigkeit – jugendliche Sorgen und Versagensängste wiegen schwer genug. »Ich kann das schaffen« – ist die Einstellung, die Teenager brauchen, um wachsen zu können. Sie hängt weniger von real vorhandenen Fähigkeiten ab als vom Glauben daran. Den können wir Eltern stärken – und plötzlich kann unser positives Denken zur sich selbst erfüllenden Prophezeiung werden!

Empathie üben

»Hau aaaab, raus aus meinem Zimmer!!!!« Es ist einer dieser Unglücksmomente. Ich koche innerlich, Tränen schießen mir in die Augen, und ich fühle mich gemein getroffen. So kann mich nur einer verletzen: mein Sohn! Ich folge seinem Wunsch, ohne zu zögern – in dem Wissen, dass es ihm nicht besser geht.

Die Pubertät ist die Zeit großer Gefühle. Daran gibt es seit Romeo und Julia keinen Zweifel. Eben noch zutiefst betrübt melancholisch im Bett vergraben, jetzt schon wieder hochenergetisch mit Schmetterlingen im Bauch. Heute ein hilfsbereites Familienmitglied, morgen Konfrontation suchender Grenzgänger mit tief liegender Aggressionsschwelle. Es herrscht gefühlsmäßiger Ausnahmezustand, und das nicht nur bei Jugendlichen. Statt einen kühlen Kopf zu bewahren, verzweifeln auch wir Eltern: Wie sollen wir uns in dieser Achterbahn verhalten, aus der wir nicht einfach aussteigen können?

Gefühlschaos macht sich breit

Vielleicht fühlen Menschen nie wieder so intensiv wie als Teenager. Eigentlich wunderbar diese Leidenschaft. So empfinden wir sie allerdings nur selten. Eher ist das jugendliche Auf und Ab in Kurzwelle, die ungeahnte Intensität der Reaktionen auf aus Erwachsenensicht banale Ereignisse, der ständige Wechsel

zwischen totalem Rückzug und explosiven Ausbrüchen haupt-
verdächtig in Sachen schlechter Ruf der Pubertätsjahre. Warum? Weil wir uns dem Ganzen hilflos ausgeliefert fühlen. Sollen wir amüsiert ignorieren, entsetzt nachfragen, verärgert ge-
genschießen oder besorgt bemuttern? In unserer Unsicherheit
reagieren wir eigentlich immer falsch oder zumindest wenig
hilfreich.

»Ich würde so gerne cool bleiben, aber ich bin auch nur ein
Mensch!« Wie oft höre ich diesen Satz von Freundinnen. Teenager sind hochimpulsiv und hochreaktiv. Sie bräuchten eigentlich Eltern, die besonders besonnen (re-)agieren. Wir wissen
das, aber wir tun es in der Regel nicht – weil die Pubertät auch
uns aus dem Gleichgewicht bringt und wir mit unseren eigenen
Empfindungen beschäftigt sind.

»Hauch mich mal an, wie viele Mass Bier waren das?«
Es ist ein früher Samstagabend im September. Wir
sitzen bei Freunden im Wohnzimmer und die sechszehnjährige Tochter Vanessa kommt vom Münchner Oktober-
fest zurück. Sie ist wunderschön anzuschauen in ihrem
Dirndl, mit glühenden Wangen, bestens gelaunt, ange-
heitert, aber keinesfalls betrunken.
»Ich ziehe mich nur kurz um, und dann gehen wir
noch zu viert ins Kino ...«
»Wer ist denn *wir*?«
»Drei Freunde, kennt ihr nicht.«
»Das war aber so nicht besprochen, noch wegzugehen
mit Jungs, die wir noch nicht einmal kennen.«
Vanessa bekommt einen Heulkrampf: »Ihr seid immer
so gemein, wo ist das Problem, die warten alle, ich gehe!«
»Kommt nicht infrage, in deinem Zustand bleibst du
auf jeden Fall hier, es reicht für heute!«

Wenn Eltern so überzeugt den Spaßverderber geben, überkommt einen das Gefühl, es könnte nicht nur Sorge dahinterstecken. Okay, die Eltern fühlen sich überfahren vom leicht alkoholisierten Enthusiasmus der Tochter. Trotzdem kommt mir zumindest als Außenstehende der Gedanke: Warum freuen sie sich nicht, dass ihre Tochter offensichtlich Spaß hat? Sie könnten auch anerkennen, dass sie nicht – wie viele andere Jugendliche – unkontrolliert besoffen vom Oktoberfest kommt. Oder sie könnten etwas genauer nachfragen, um wen es sich bei ihren Begleitern handelt und eine Zeit mit ihr vereinbaren, zu der sie zu Hause sein soll. Stattdessen ist ihnen Vanessas beschwipste gute Laune höchst suspekt und ihre Reaktion dementsprechend kategorisch.

Es ist hart, sich das einzugestehen, aber: Übertriebener Argwohn, misstrauische Strenge – sind das nicht auch Begleiter der Eifersucht? Von Müttern auf ihre plötzlich überwältigend attraktiven Töchter oder auf die ersten Freundinnen ihres Sohnes. Von Vätern auf die sehr männlichen jungen Männer, die ihnen ihren ersten Platz im Leben der Tochter streitig machen. Von beiden Elternteilen auf Schmetterlinge im Bauch, Lebenslust, Unvernunft.

Quasi über Nacht werden wir mit der teenagertypischen Leichtigkeit des Seins konfrontiert – mit kurzen Röcken und bauchfreien Tops, mit verliebtem Gekicher, mit durchtrainierten Bodys neuerdings besonders körperbewusster Jugendlicher, mit exzessivem Feiern und ungebremstem Spaß. All das signalisiert uns schmerzhaft, dass wir im Midlife angekommen sind – wenn nicht in der Krise, so doch zumindest in der Lebensphase. Unser Neid ist uns dabei nicht bewusst – denn er kommt getarnt als Ablehnung dessen daher, was wir nicht mehr verstehen, weil es uns abhandengekommen ist.

Und auch wenn unsere Gefühle grundpositiv sind, steht vielleicht Enttäuschung an, weil wir von diesen schönen Erlebnissen und Empfindungen ausgeschlossen werden. Von genau den Ereignissen, so kommt es uns vor, über die wir doch gerade alles wissen möchten, damit wir sie zumindest noch secondhand erleben können. Aber wir »verstehen das sowieso nicht, sorry«, und deshalb werden die Glücksgefühle lieber mit Freunden geteilt.

Elias wird nächstes Jahr für einige Monate nach Neuseeland gehen. Nach einer letzten Informationsveranstaltung macht sich Panik bei seiner Mutter Sonja breit – aus einer träumerischen Idee wird schon in wenigen Wochen Realität! Während der Fahrt nach Hause jagt in ihrem Kopf ein Schreckensszenario das nächste. Zu Hause betritt sie Elias' Zimmer, bemüht um Gelassenheit. Sie starrt aus dem Fenster und versucht in monotoner Stimmlage über die Fakten zu sprechen. Elias hört eine Weile ruhig zu und meint dann:»Willst du mir noch irgendwas anderes sagen, denn das alles weiß ich schon ...« Dankbar für die Gelegenheit lässt Sonja ihren Sorgen und Ängsten nun freien Lauf: »Ihr müsst als Gruppe zusammenbleiben auf dem Flug ... Falls etwas passiert, gibt es diese Notfallnummer vor Ort, aber du erreichst uns immer per Skype ...« Schließlich schlägt sie abschließend vor: »Lass uns doch nächste Woche shoppen gehen, ich würde gerne zusammen mit dir die Klamotten kaufen, die du für die Reise noch brauchst.« Elias atmet genervt durch und antwortet: »Ne, sorry, gib mir doch das Geld bitte. Ich gehe mit einem Freund.«

Remo Largo trifft Sonjas Gefühl auf den Punkt, wenn er sagt, die Pubertät sei »nicht nur ein Abschiednehmen, sondern auch ein Liebesverlust«, und wenn er Eltern rät, sie müssten »nicht nur umdenken, sondern auch umfühlen«[44]. Das heißt für Sonja: Statt verletzt zu reagieren, sollte sie versuchen Elias' Gefühle zu verstehen, seinen Wunsch, diese herausfordernde Reise allein zu erleben und zu meistern – vom ersten Moment an. Die Sorgen der Eltern stören ihn bei diesem Prozess. Um das unmissverständlich klarzumachen, reagiert er besonders schroff.

Umfühlen, das sagt sich so leicht! Teenageremotionen vs. Elterngefühle – das ist ein ständiges Gipfeltreffen im familiären Dschungelcamp: supercool trifft auf fürsorglich, mürrisch auf beleidigt, aggressiv auf wütend und so weiter. Verständlich, dass in so vielen Familien die Stimmung bis zum Anschlag gereizt ist. »Immer liegt Spannung in der Luft. Jeden Moment muss ich mit etwas rechnen, das eine von uns zum Ausrasten bringt«, so beschreibt eine Mutter den Dauerzustand zwischen ihr und ihrer pubertierenden Tochter.

Wenn wir unsere Kinder unterstützen wollen, müssen wir lernen, ihre (und unsere) Gefühlswellen auch im größten Pubertätssturm zu meistern – am besten nach dem Motto des Mindfulness-Based Stress Reduction (MBSR)-Erfinders Jon Kabat-Zinn: »You cannot stop the ocean, but you can learn to surf.« Gute Surfer zeichnet vor allem ihre perfekte Mischung aus Gelassenheit und Können aus – ein hehres Ziel! Für mich war der erste Schritt in diese Richtung zu verstehen, was in Leo überhaupt vor sich geht:

Im Zentrum der Emotionen

Anders als vielleicht vermutet, liegt die Verantwortung für das Chaos im Teenagerherz im Kopf. Was emotional im Gehirn Jugendlicher passiert, ist einzigartig. Erst seit etwa zehn Jahren beschäftigt sich die Forschung mit diesen Prozessen. Davor ging man schlicht davon aus, dass das Teenagergehirn dem von Erwachsenen gleicht. Die typischen Verhaltensweisen und emotionalen Ausbrüche schob man ausschließlich auf den Einfluss der Hormone. Weit gefehlt! Ich erwähnte es bereits im ersten Teil, das menschliche Gehirn wird in der Pubertät komplett umgebaut. Diese Entwicklung hat auch große Auswirkungen auf das Gefühlsleben:

Die verschiedenen Gehirnregionen mit ihren spezifischen Aufgaben reifen in der Pubertät nach und nach. In diesem Prozess ist das für rationale Abwägungen und vernünftiges Verhalten verantwortliche Frontalhirn, der sogenannte präfrontale Kortex, als Letztes dran. Im Umbau befindlich, kann er nicht so steuern und kontrollieren, wie er sollte. Gleichzeitig spielt bei Pubertierenden die im Gehirn für Gefühle zuständige *Amygdala* eine außergewöhnlich große Rolle. Sie hat sozusagen die Oberhand, weil ihr Sparringpartner in Sachen Vernunft öfter mal ausfällt: Die Amygdala bewertet all unsere Wahrnehmungen und übersetzt sie in gefühlsbetonte Handlungsimpulse. Im Erwachsenengehirn werden diese ans Frontalhirn gesendet, das sie mit gespeicherten Erfahrungen abgleicht, bevor es Reaktionen auslöst. So entstehen vernünftige Handlungen. Studien am Gehirn von Teenagern haben gezeigt, dass dieser Prozess in der Pubertät anders verläuft: Das für die Vernunft verantwortliche Frontalhirn wird umgangen – die Amygdala sendet direkt ans Handlungszentrum. Deshalb handeln Teenager so extrem impulsgesteuert. Ein einfaches Beispiel:

Es gibt Raclette zum Abendessen mit Käse, Kartoffeln und Gemüse. Leo begutachtet den Tisch: »Gibt es auch Baguette?«

»Nein, das isst man doch eher zum Käsefondue.«

»Waaas? So ein Quatsch, ich esse zum Raclette immer Baguette. Aber du denkst ja nie an mich. Ich hasse Kartoffeln und Scheißkäse. Das esse ich auf keinen Fall!« Er feuert das Besteck auf den Teller, tritt seinen Stuhl nach hinten und verlässt wutschnaubend den Tisch.

Leos Vorwürfe sind so abstrus wie unverschämt. Was ist passiert? Wahrscheinlich ist seine ungebremste Amygdala verantwortlich für den Gefühlsausbruch. Sie signalisiert impulsiv: »Ich habe mich so auf leckeres Weißbrot gefreut, aber meine Bedürfnisse werden hier ja nie beachtet. Was für ein Scheißladen!« Das Frontalhirn hat gerade Umbaupause, kann also nicht beschwichtigen, und schon passiert es, der Teenager rastet aus. Beim Erwachsenen würde der Prozess anders ablaufen: Sollte die Amygdala ans Frontalhirn aufkommende Enttäuschung senden, würde dies antworten: »Entspann dich mal und freu dich, dass du bekocht wirst.«

Mir hilft das Wissen über diese außergewöhnlichen Prozesse dabei, in den einschlägigen Situationen cool die Ruhe zu bewahren, durchzuatmen und mich nicht persönlich angegriffen zu fühlen. Zumindest immer öfter! Tatsächlich kehrt in vielen Fällen die Vernunft wenig später zurück, und wenn es besonders gut läuft, kommt Leo sogar mit einer Entschuldigung zu mir: »Tut mir leid, dass ich so ausgerastet bin.«

Hormoneinschüsse sind natürlich auch nicht ganz unschuldig an den Gefühlsausbrüchen: Die Sexualhormone Östrogen und Testosteron putschen die ungefilterten Impulse der Amygdala zusätzlich auf. Deshalb reagieren Teenager so extrem: mit

Ärger, der gleich als Wutattacke daherkommt, oder mit Kummer, der den Schmerz der ganzen Welt für sich beansprucht.

Es gibt noch etwas, was uns Erwachsenen zu schaffen macht: die Unberechenbarkeit der Gefühle. Warum wird die Bitte, den Tisch abzudecken, am einen Tag unkompliziert mit »Ja klar« beantwortet, während sie am nächsten eine kleine Explosion »Nö, ganz sicher nicht, warum immer ich?« auslöst? Mal müssen Kleinigkeiten erkämpft werden mit Argumentationsketten auf Starverteidigerniveau, mal reagieren Jugendliche verblüffend vernünftig. Wie kann das sein? Man muss sich das tatsächlich wie auf einer Baustelle vorstellen: Das Wasser wird abgestellt, eine Stromleitung wird herausgerissen – mit plötzlichem Totalausfall ist stets zu rechnen. Der Entwicklungszustand des Gehirns ist verantwortlich für die typisch sprunghaften Launen in der Pubertät.

Es ist anstrengend! Aber auch wenn wir hochgradig involviert sind, haben wir unseren Kindern etwas voraus: Wir *können* bewusst mit Gefühlen umgehen. Statt uns mittenrein zu begeben ins pubertäre Drama, können wir unsere eigenen Emotionen besänftigen, Teenager einfühlsam verstehen und sie in *ihren* Gefühlen begleiten. Leicht ist das allerdings nicht – das erlebe ich selbst oft genug: Empathie bedeutet, sich in die Gedanken, Gefühle und das Weltbild anderer hineinzuversetzen. Es ist unzweifelhaft eine große Herausforderung, die Emotionen und die Welt Jugendlicher nachzufühlen – mit Nietzsche gesagt: »Die Tanzenden wurden für verrückt gehalten von denjenigen, die die Musik nicht hören konnten.« Deswegen beurteilen wir Teenagerverhalten regelmäßig aus unserer erwachsenen Sicht und reagieren dementsprechend wenig hilfreich. Im Folgenden stelle ich in Anlehnung an die Kommunikationsexpertinnen Adele Faber und Elaine Mazlish fünf typisch elterliche Reaktionen vor, die alles andere als unterstützend wirken.

Wie wir reagieren und dabei (manchmal) alles noch schlimmer machen[45]

Variante 1: »Du übertreibst«

Emma und ihre Freundin Sarah sind beide in Paul verliebt. Eine Zeit lang tauschen sie sich intensiv über ihre Gefühle aus, dann passiert es, Paul fragt Sarah, ob sie *miteinander gehen* wollen – die beiden kommen zusammen. Sarah hat plötzlich keine Zeit mehr für Emma, und nicht nur das, sie zeigt ihr die kalte Schulter, fühlt sich cool und genießt ihre Verliebtheit ohne Rücksicht auf die verletzten Gefühle der Freundin. Emma leidet. Sie zieht sich zurück, nicht nur von Sarah, sondern von der ganzen Clique und verbringt die Nachmittage im Bett. Ihrer Mutter Carola tut sie leid, aber sie ist auch genervt von Sarahs extremer Reaktion:

»Das ist es doch nicht wert! Lass dich nicht so gehen! Raff dich mal auf und verabrede dich, dann geht es dir besser.«

Carola hält Emmas starke Gefühle für übertrieben, das merkt man ihr an. Sie möchte ihrer Tochter helfen, aber ihr Mitgefühl hält sich in Grenzen, denn sie betrachtet die Situation aus ihrer erwachsenen Perspektive – und da ist diese erste Verliebtheit nicht der Rede wert. Für Emma dagegen wird sich das Gefühl von Verletzung und Zurückweisung durch die Reaktion ihrer Mutter noch verstärken, und sie wird sich erst recht zurückziehen – vor allem von ihrer Mutter, die sie nicht versteht.

Variante 2: »Selbst schuld«

Noch schlimmer wird die Sache, wenn sich zum Unverständnis der Eltern auch noch Besserwisserei gesellt: »Ich hab dir doch schon immer gesagt, dass du nicht so viel mit Sarah abhängen sollst. Sie ist egoistisch und keine wirkliche Freundin, das merkt man doch!«

Mit dieser Reaktion lassen wir unser Kind nicht nur emotional allein, sondern drängen es auch noch in die Defensive: »Du bist selbst schuld an der Situation und hast deshalb kein Recht auf solch intensive Gefühle« – so kommt diese Reaktion beim Teenager an. Unterstützung sieht anders aus!

Variante 3: »Das wird schon«

»Ach, halb so wild, es wird dir bald besser gehen. Ich weiß, es gibt viele andere Jungen, die dich mögen.« Gerne versuchen wir es auch auf diese Weise: Wir bemühen uns, das Problem unter allen Umständen kleinzureden – in bester Absicht, weil wir Hoffnung auf schnelle Besserung verbreiten wollen. Aber auch mit diesen Worten negieren wir die Gefühle unseres Kindes. Es geht ihm *jetzt* gerade schlecht. Und daran ändert auch nichts, dass es vielleicht morgen anders sein könnte. Wie wenig elterlicher Zweckoptimismus die Gefühle Heranwachsender positiv beeinflussen kann, zeigt auch dieses Beispiel:

> Marlon leidet darunter, noch nicht körperlich ausgereift zu sein: Die Stimme quieckst, er hat Pickel, und der Wachstumsschub lässt auf sich warten, die Kumpel sind an ihm vorbeigewachsen und damit nicht nur bei Mädchen deutlich überlegen. Marlons Mutter Rosa begegnet seinen Sorgen und Unsicherheiten mit eiserner Zuver-

sicht: »Wart's ab, es ist nur eine Frage der Zeit, und am Ende sind Spätzünder immer die Hübschesten.«

Mit ihrer Theorie möchte Rosa ihrem Sohn eigentlich beistehen. Aber Marlon kann ihre Schönmalerei nicht nachvollziehen. Er fühlt sich dadurch nur noch mehr allein in seinem Leid. Ich weiß, wovon ich spreche, ich hatte das gleiche Problem: Ich fühlte mich schrecklich mit vierzehn noch ganz ohne Brüste. Meine Mutter tat alles, um mir das Gefühl zu geben, die Schönste, Beste, Glücklichste zu sein. Aber ich war es nicht. Und weil ich mich nicht verstanden fühlte und mir mein Gefühl peinlich war, zog ich mich zurück.

Variante 4: »Ich weiß, was du tun musst«

Gerne setzen wir jugendlichen Gefühlen auch die geballte Kraft erwachsener Erfahrung entgegen: »Ich würde Sarah deutlich sagen, was du davon hältst, dass sie dich so fallen gelassen hat.« Der Gedanke ist verständlich: Wir möchten unser Kind beraten, ihm Fehler ersparen. Aber was vermitteln wir dabei? »Deine starken Gefühle sind überflüssig, denn es gibt eine Lösung.« Wir implizieren, dass der Teenager sein Problem nur mit unserer Hilfe in den Griff bekommen kann – und verstärken damit unbewusst die Gefühle: Das Kind fühlt sich als Opfer und ergießt sich erst recht in Zorn, Wut und Selbstmitleid.

Variante 5: »So ist das Leben«

Die letzte Variante ist eine, die ich gut von mir kenne: »Enttäuschungen gehören zum Leben und sie machen dich stärker. Jede Erfahrung hat irgendeinen Sinn.« Puh! Bitte, wie soll so ein Yogalehrer-Kommentar einem enttäuschten Teenager helfen? Im Ernst: Selbst wenn sie philosophisch daherkommt, auch hier ist die versteckte Botschaft unmissverständlich: »Nun krieg mal deine übertriebenen Gefühle wieder in den Griff.«

Egal ob wir die Empfindungen unseres Kindes als extrem bewerten oder als selbst verschuldet, oder ob wir mit Zuversicht, Ratschlägen oder Lebensphilosophie dagegenhalten – eins haben all diese Reaktionen gemeinsam: Wir möchten unterstützen und erreichen das Gegenteil. Sobald wir die Gefühle anderer – auf welche Art auch immer – negieren, wird der Betroffene automatisch versuchen, sie zu verteidigen, und sei es nur innerlich. Wir verstärken also in diesem Moment die Emotionen, anstatt sie zu mildern.

Zurück zum Beispiel: Empathisch verhält sich die Mutter Carola in keiner der Varianten, weil sie die Situation stets aus der falschen Perspektive betrachtet – sie ist nicht bei Emma und deren Gefühlen, sondern bei ihrer eigenen Bewertung des Erlebnisses.

Natürlich können wir den Schmerz Heranwachsender nicht genauso empfinden wie sie, so wenig wie ihre Begeisterung und ihre Verrücktheiten – wir sind erwachsen. Aber wir bemühen uns in der Regel nicht einmal, uns in die tiefen jugendlichen Empfindungen einzufühlen. Wir versuchen gar nicht erst zu verstehen, was los ist. Es scheint sogar, als würden wir genau das unbedingt vermeiden. Warum nur? Weil wir ungeduldig sind oder per se genervt? Es gibt noch einen Grund: Es ist schwierig, intensive Gefühle anderer Menschen auszuhalten – je näher uns jemand steht, desto schwieriger. Als Mutter können wir es kaum ertragen, wenn unser Kind »nicht sicher« ist, auch gefühlsmäßig. Deshalb versuchen wir instinktiv, die Unsicherheit so schnell wie möglich zu beenden, indem wir das Problem aus der Welt reden, relativieren oder lösen. Doch sensible

Teenager fühlen sich genau dadurch alleingelassen statt unterstützt und bevormundet statt verstanden. Wenn wir unseren
Kindern also helfen wollen, was muss anders laufen?

GLÜCKSSTRATEGIE

Emotional unterstützen

Gefühle zulassen

Wer zur Seite stehen möchte, muss Gefühle aushalten
können, egal wie fremd, übertrieben, unerträglich – eben
pubertär – sie spontan erscheinen und auch unabhängig
davon, welche Emotionen sie in uns selbst auslösen. Empathisch zu sein heißt, sich vorzustellen, wie sich eine Situation aus der Sicht des anderen anfühlt. Und das bedeutet nicht, möglichst schnell etwas daran zu ändern –
weder an den äußeren Umständen noch am Gefühl. Kein
Teenager braucht immer sofort ein Beratungsgespräch!
   Doch wie können wir helfen? Gehirnforscher sagen,
dass schon das Benennen eines Gefühls beruhigen und für
Balance sorgen kann.[16] »Es tut mir leid, dass du so traurig
bist.«, »Ich kann verstehen, wie unsicher dich das macht.«,
»Ich merke, wie wütend du bist.« Es scheint banal und fällt
manchmal schwer – einfach nur über das Gefühl zu spre-
chen. Aber genau damit signalisieren wir dem anderen:
»Ich bin bei dir. Ich verstehe dich. Ich nehme dich ernst.«
Und das reicht schon. Jeder kennt die Erleichterung, die

es bei größtem Kummer bringt, einfach in den Arm genommen zu werden und zu weinen. Danach geht es einem besser – obwohl sich nichts verändert hat. Oder eben doch: Man ist nicht mehr allein mit seiner Traurigkeit.

Die Tür knallt, die Schuhe fliegen, gefolgt vom Rucksack, durch den Raum. Leo kommt wutschnaubend nach Hause. »Es ist so ungerecht, ich hasse Frau Bergmann, diese blöde ... am liebsten hätt ich ihr eine reingehauen.« Ich kann seine Wut fühlen. Es fällt mir schwer, sie auszuhalten – so ein hoch aggressiver Teenager ist unangenehm. Aber ich wende mich ihm zu und lege ihm die Hand auf die Schulter: »Das tut mir leid.« Er schaut mich an: »Kannst du dir das vorstellen? Wieder mal nur *ich* habe einen Verweis bekommen, alle anderen hat sie verschont.«

Ich denke: »Wieso muss er auch immer auf Konfrontation gehen?« Was ich sage: »Ich verstehe, dass dich das wütend macht.«

Und ich spüre, wie die Aggression schon langsam verschwindet und Leo in normalem Ton fragt: »Haben wir etwas zu essen?«

Eigentlich schrie in dieser Situation alles in mir: »Du bist selbst schuld, Leo, und abgesehen davon will ich solche aggressiven Gedankengänge gar nicht hören!« Was wäre wohl passiert, wenn ich das auch gesagt hätte? Ich wäre ins *Team Lehrerin* gewechselt, Leo hätte gewusst, dass ich nicht auf seiner Seite bin, und sich von mir zurückgezogen – frustriert und mit dem Gefühl, das Opfer von Ungerechtigkeit zu sein. Zu Selbsterkenntnis hätte es nicht geführt, denn nur in einem Zustand emotionaler Balance sind Teenager überhaupt in der Lage, über sich selbst zu reflektieren. Naomi Aldort beschreibt das in ihrem Buch *Von der Erziehung zur Einfühlung*: »Wenn Kindern der Eindruck vermittelt wird, dass sie authentisch sein und ihre Gefühle zeigen dürfen, und wenn sie sehen, dass wir ihren Blickwinkel ernst nehmen, finden sie oft selbst eine Lösung für ihr Problem oder schließen mit der Realität Frieden.«[47] Und genau das erreichen wir mit unaufgeregten, aber verständnisvollen Reaktionen. Tatsächlich erzählte mir Leo später bei unserem gemeinsamen Snack, was genau vorgefallen war. Ich tat auch dann nichts anderes, als interessiert zuzuhören. Denn auch das wissen wir alle aus eigener Erfahrung: Allein schon erzählen, ohne erklären zu müssen, ist unglaublich erleichternd. Und es hilft, die eigene Verwirrung zu klären, Gefühle zu sortieren und zu Selbsterkenntnis zu kommen.

Das Beispiel zeigt auch: Eltern können in einer Sache anderer Meinung sein und Jugendliche trotzdem emotional auffangen. Dafür müssen wir bereit sein innezuhalten, unsere spontanen Gedanken reflektieren und dafür sorgen, dass sie nicht den Weg über unsere Lippen finden – es muss uns gelingen, *nicht* Position zu beziehen. Naomi Aldort schreibt dazu: »Vermeiden Sie es, beim Bekunden von Wertschätzung für die Gefühle Ihres Kindes zu dramatisieren oder Ihre eigene emotionale Reaktion hinzuzufügen. Wenn wir dramatisieren, ist es wahrscheinlich, dass sich das Kind noch tiefer in seine Geschichte hineinsteigert; wenn es dagegen unsere wohlwollende Haltung erlebt, kann es laut weinen ... und dann sein eigenes ›Drama‹ sehen und darüber lachen oder zumindest mit einer positiven Einstellung nach vorne blicken.«[48] Teenager wollen lernen, ihre Gefühle selbst wieder ins Gleichgewicht zu bringen. Das unvoreingenommene Verständnis der Eltern gibt ihnen die Sicherheit, die sie dafür brauchen.

Differenzierende Empathie

Viele leidenschaftliche Empfindungen unseres Teenagers bleiben uns ein Rätsel. Bei anderen dagegen passiert genau das Gegenteil – wir werden sofort von ähnlich heftigen Gefühlen erfasst. Pubertäre Emotionen können uns erwischen, als wären es unsere eigenen: Väter rasten aus vor Wut auf den Typen, der ihre Tochter verletzt. Müttern ist elend vor Einsamkeit, wenn der Sohn am Wochenende keine Verabredung hat. Das ist bis zu einem gewissen Grad ganz normale Elternliebe. Ich kenne allerdings viele Eltern – vor allem Mütter – die gerne die Dramen ihres Kindes eins-zu-eins zu den ihren machen. Meine Bekannte Judith zum Beispiel erzählt regelmäßig über die Hochs und Tiefs der ersten großen Liebe ihrer Tochter Lena, als wäre es ihre eigene. Ihre Stimmung hängt von der Liebeslage ihrer Tochter ab, und sie erwartet von ihren Freundinnen große Anteilnahme für *ihre* Aufregung, *ihre* Traurigkeit und *ihre* Sorgen.

So bedeutsam elterliches Einfühlungsvermögen ist, so entscheidend ist dabei die Fähigkeit der *Differenzierung*. Das heißt, bei sich selbst zu bleiben trotz stürmischer Gefühle eines Menschen, der einem sehr nahesteht.[49] Also *mitzufühlen*, ohne *das Gleiche* zu fühlen, wenn die Emotionen eines Teenagers mal wieder überkochen. Warum ist das so wichtig? Jugendliche wollen – und müssen – sich auch gefühlsmäßig von den Eltern abgrenzen. Emotional zu unterstützen – wie oben beschrieben – heißt, neutral zu bleiben, Gelassenheit auszustrahlen, ganz beim Kind zu sein. Wie soll das gehen, wenn wir selbst voll ins Empfindungsdrama einsteigen?

Auch fehlende Differenzierung kann dazu führen, dass Teenager sich zurückziehen: Lena zum Beispiel wird die Sorgen der Mutter oder deren Abneigung gegen ihren Freund nicht als Beistand empfinden, sondern sich für die Gefühle der Mutter verantwortlich fühlen oder zumindest davon bedrängt. Sie wird ihre Empfindungen wahrscheinlich zukünftig lieber für sich behalten.

So sehr Heranwachsende also nach unserer Empathie dürsten, so wesentlich ist es, dass wir Erlebnisse, Erfahrungen und Emotionen als *ihre* respektieren.

Kraft tanken

Genießen Sie die guten Zeiten! Die Gefühlsschübe der Pubertät kommen und gehen. Zwischen den Stürmen ist der Himmel wunderbar blau, die See ist spiegelglatt, die Luft erfrischend klar. Kein Bild ist zu kitschig für die wunderbaren Zeiten, in denen ein Teenager mit sich und seiner Welt im Frieden ist. Vielleicht hat das Gehirn gerade einen großen Bauabschnitt fertiggestellt, wer weiß! Ein paar Wochen, ein Tag, manchmal nur ein paar Stunden – es gilt sie bewusst zu nutzen, diese Momente, für sich selbst, für die Beziehung zum Kind, für die Familie. Ich sammle Erinnerungen an entspannte Augenblicke in meinem gedanklichen Kraftspeicher. Und schöpfe Zuversicht daraus, wenn ich im nächsten Hurrikane zu verzweifeln drohe.

Chill Area

Tür zu, allein sein und nichts tun – die Vorstellung eines perfekten Sonntags für meinen Sohn ist schwer auszuhalten für mich, immer wieder. Kann es sein, dass wir Eltern uns nicht daran erinnern können – oder wollen –, wie groß die Sehnsucht nach Rückzug in der Pubertät ist? Leo verbringt seit geraumer Zeit den Großteil seiner Freizeit damit, auf dem Bett zu sitzen und zu starren. Wahlweise an die Decke oder auf sein iPhone. »Verlorene Zeit« ist nach seiner Definition, wenn man zu viel vorhat. Ferien sind am besten, wenn wir zu Hause bleiben. Teenagerleben ist anstrengend und nur mit einer ordentlichen Portion Nichtstun überhaupt durchzustehen. Für *zu Hause* erträumen sich Jugendliche dementsprechend so viel Ruhe wie möglich. Eltern aber sehen das anders.

Das Stereotyp »Solange du unter meinem Dach lebst ...« klingt nach vergangenen Zeiten, aber sind wir heutigen Eltern eigentlich so weit von dieser Denke entfernt? Wir möchten doch immer noch, dass zu Hause nach *unseren* Vorstellungen gelebt wird. Heranwachsende Kinder aber begegnen den Wünschen ihrer Eltern mit »Chill!«, »Nerv nicht!« oder gar keiner Antwort. Die Botschaft ist unmissverständlich: »Kann es bitte wenigsten hier mal *easy* sein?« Wenn wir unser Kind in der Pubertät unterstützen wollen, sollten wir uns diese Frage gefallen lassen – und uns damit beschäftigen, warum sein Wunsch nach Rückzug in vier Wände der Ruhe so übermächtig ist.

And Action!

Teenager müssen performen: Eigentlich sind sie ausreichend
damit beschäftigt, sich neu zu erfinden, aber genau jetzt kommt
es auch darauf an, Eltern, Lehrern, ja der Gesellschaft die eigene
Leistungsfähigkeit zu beweisen. Sie sollen sich mit der Zukunft
beschäftigen und mit Berufsszenarien, je konkreter und Erfolg
versprechender, desto besser. Dabei sind sie sich selbst die här-
testen Kritiker – das habe ich bereits im Kapitel über Schule beschrieben. Wir Eltern gehen davon aus, dass das extensive Abhängen mit Freunden für den notwendigen Ausgleich sorgt. Bei
genauerem Hinsehen aber ist vielleicht sogar das Gegenteil der
Fall: Für Jugendliche bekommen Gleichaltrige immer größere
emotionale Bedeutung. Sie erhoffen sich von ihren Freunden
nichts weniger als »Beständigkeit, Sicherheit, Treue, Solidari-
tät, Großmütigkeit und größtmögliche Verschwiegenheit«.[50]
In der Realität werden diese großen Hoffnungen nicht selten
enttäuscht. Luisa erzählt mir im Interview, dass sie viel Spaß
habe mit ihren Freundinnen, aber dass ihr Vertrauen auch
schon vielfach enttäuscht wurde: »Wenn ich ein Geheimnis
habe, würde ich es niemandem mehr erzählen. Auch nicht meinen besten Freundinnen.«

Das Zusammensein mit der Peer Group ist auch anstrengend – wie ein ständiges Agieren auf einer Bühne: Für Jungs
ein Wettbewerb um Coolness und Anerkennung. Kumpel, die
heute Freunde sind, werden morgen zu Konkurrenten, die tri-
umphieren, wenn der andere versagt. Testosterongesteuerte
junge Männer müssen sich ständig messen und beweisen. Lo-
yalität ist unter Fünfzehnjährigen noch ein Fremdwort: »Du
glaubst doch nicht, dass Lukas für mich einspringen würde,
wenn hinter meinem Rücken gelästert wird«, beschreibt Leo
traurig das Verhältnis zu einem vermeintlich guten Freund.

Und für Mädchen? Setzt der Schönheitswahn stetig höhere Performance-Level! Du kannst nur hoffen, dass du gut aussiehst und den richtigen Style hast, damit dein Selfie-Ich deinen Erwartungen gerecht wird – und denen deiner Girls-Group. Lassen die Brüste auf sich warten? Wer denkt, dass es Mädchen gibt, die das kalt lässt, der täuscht sich. Das ungeduldige Ausharren und der Vergleich mit den Körpern der Freunde ist hartes Tagesgeschäft für beide Geschlechter.

Bei all dem sozialen Druck ist es kein Wunder, wenn Jugendliche sich oft nur noch eins wünschen: in Ruhe gelassen zu werden. Wenn also in der Pubertät die Umwelt zur Stresszone wird, bekommt »zu Hause« eine neue Bedeutung.

Sicherer Hafen Familie

Mir fällt zufällig eine Reflexion aus Leos Religionsunterricht in die Hände. »Wo kannst du am besten entspannen?« wird da gefragt. Leo hat als Antwort geschrieben: »Zu Hause.« Das macht mich glücklich – denn diese Wahrnehmung ist nicht selbstverständlich. Kleinkinder hinterfragen ihr Zuhause ebenso wenig wie Vater oder Mutter als Vertrauenspersonen. So aber, wie Teenager jeden Stein in der Beziehung zu ihren Eltern mindestens einmal umdrehen, bekommt auch »zu Hause« eine neue Bedeutung – abhängig von den Erfahrungen, die mit diesem Ort in der Pubertät gemacht werden. Einen großen Einfluss darauf hat die Familienkonstellation.

Wenn ich mich in meinem Bekanntenkreis umschaue, finde ich vogelwilde Formen, wie *Vater-Mutter-Kind* heute gelebt wird: Ein Paar in zweiter Ehe lebt zusammen mit der vierundzwanzigjährigen Tochter der Frau, seiner fünfzehnjährigen Adoptivtochter aus erster Ehe und dem gemeinsamen zweijährigen

Sohn. Oder: Ein unverheiratetes Paar wird am Wochenende zur Großfamilie mit den beiden erwachsenen Kindern des Mannes aus erster Ehe, seiner sechsjährigen Tochter aus einer anderen Beziehung und ihrer fünfzehnjährigen Tochter, die während der Woche bei ihrem Vater lebt. Alles ist möglich, wenn wir heute von *Familie* sprechen! Weil sich jugendliche Gefühlsdramen auch aus dem Spannungsfeld ihrer Beziehungen entwickeln, kann ein komplexes Familiengeflecht auch komplexe Pubertätsprobleme mit sich bringen. Vielleicht herrschen in Patchworkfamilien aber auch mehr Verständnis und gesunde Ignoranz: Wo so viele Individuen miteinander zurechtkommen müssen, werden die Eigenheiten des Einzelnen gelassener angenommen, da fallen pubertäre Macken womöglich gar nicht auf. Wir sind nur zu dritt – vielleicht haben wir's leicht, vielleicht aber sind Dreierverhältnisse auch besonders schwierig, vielleicht der Druck auf Einzelkinder sowieso?

Welche Familienumstände auch immer vorherrschen, eins ist wissenschaftlich belegt: Familie ist als Kraftquelle in der Pubertät nicht zu unterschätzen. Die Bindungen einer Familie sind ein *sicherer Hafen*, aus dem Teenager ins Erwachsensein starten. Experten wie Daniel Siegel betonen die Bedeutung einer solchen Basis, die Sicherheit in Zeiten der Veränderung gibt: »Dieser geschützte Hafen lässt sich auch als Ausgangsstation für die Erkundung der Welt nutzen. Von einer sicheren Bindung ausgehend, ziehen wir voller Selbstbewusstsein ins Unbekannte. Und wenn wir durcheinander oder müde sind ... dann kehren wir in den geschützten Hafen unserer sicheren Bindung zurück ... Während der Adoleszenz, wenn wir in die Welt hinausziehen und all die Veränderungen durchmachen, die den Weg von der Kindheit ins Erwachsenenalter charakterisieren, kann ein solcher Hintergrund ein Segen sein.«[51]

Die selbstverständliche Zugehörigkeit, Sicherheit und Kraft, die der Hafen »Familie« bietet, kann direkte Auswirkungen auf das psychische Wohlbefinden in der Pubertät haben, das belegt auch eine repräsentative Studie von Forschern der *Queen Mary University of London:* Sie zeigt, dass schon drei Mahlzeiten pro Woche, im Kreis einer Familie eingenommen, das Risiko einer seelischen Erkrankung bei Jugendlichen um fünfundzwanzig Prozent senken können![52]

Alles schön und gut. Aber im täglichen Leben mit Jugendlichen sieht es im trauten Familienheim oft anders aus: Teenager stellen plötzlich sehr vehement ihre eigenen Bedürfnisse gegen die der Eltern und Geschwister. Sie können – so scheint es – eine ganze Familie in Krise versetzen. Wir bewerten das als egoistisch und wehren uns so gut es geht – und dabei wird unser Zuhause immer mehr zum Kampfplatz.

Wohlfühlort oder Kampfarena?

Ich bekomme ein Foto von Susanne per WhatsApp mit dem Kommentar: »Was tut man, wenn das Kinderzimmer seit Wochen so aussieht?« Nächster Ping: »Ist sie ja selbst schuld, wenn der Nachhilfelehrer im BH hängen bleibt, stolpert und sich den Knöchel bricht.« Lachkrampf-Emoji.

Wenige Tage später treffe ich Susanne und ihre Familie beim Abendessen. Susanne fragt irgendwann: »Was sagst du eigentlich zu diesem Zimmer?« Ihre Tochter Hannah sitzt neben mir. Ich fühle mich unwohl: Weder möchte ich in diese Sorte Gespräch einsteigen, noch möchte ich belehrend wirken. Vorsichtig frage ich: »Was stört dich so daran?« »Hast du das Bild denn nicht gesehen?«, antwortet Susanne, »das geht doch gar nicht, also ich betrete das Zimmer nicht mehr und habe es auch der Putzfrau verboten.« Hier schaltet sich plötzlich Hannah ein: »Mama, hast du Maja wirklich ein Bild von meinem Zimmer geschickt? Warum tust du so was?«

Das eigene Zimmer ist Manifest jugendlicher Abnabelung und Erfüllungsort der Sehnsucht nach Rückzug. Als solches wird es in der Pubertät zum Dreh-und Angelpunkt der Streitigkeiten zwischen Eltern und Kindern. Im Grunde ist der Streit um das Jugendzimmer stellvertretend für die Grundsatzdiskussion der Pubertät, wer zu Hause wie viel wozu zu sagen hat.

Teenagerzimmer sind unvergleichliche Mikrokosmen aus Bergen von Klamotten, verstreuten Schulheften, Schokoladenpapieren, dreckigem Geschirr und verknoteten Kabeln weißer Kopfhörer. Hier und da finden sich letzte Reste der Kindheit, leicht zu übersehen, wie in Leos Zimmer das Foto aus der vierten Klasse, das am Pinboard unter den heiligen Basketballtickets der Brooklyn Nets hervorblitzt oder die verstaubten Fußballpokale hoch oben auf dem Schrank. Eine Welt für sich. Für mich sind die Zimmer Jugendlicher die in Szene gesetzte Baustelle des pubertären Gehirns. Sind sie uns deshalb so suspekt? Machen sie uns deshalb so aggressiv? Oder können wir es nur nicht ertragen, dass Teenager zumindest hier ganz klar die Grenze ziehen: »Ab hier ist Backstage – Zutritt nur noch mit persönlicher Einladung. Hier habe ich das Sagen, da kannst du dich auf den Kopf stellen!«

Trotzdem versuchen viele Eltern, auch hier ihre Vorstellungen durchzusetzen, wie man an Susannes Beispiel sieht. Denn: zu Hause wollen Eltern die Oberhand haben, ihre Bedürfnisse haben dort Vorrang und die Kinder – egal welchen Alters – haben sich anzupassen. Ein anderes Beispiel:

»Könntest du bitte deine Jacke aufhängen, statt sie auf
den Boden zu schmeißen – immer!«
»Chill! Wen stört sie denn hier im Flur?«
»Mich!«
»Du siehst sie doch gar nicht.«
»Egal, es stört mich einfach.«
»Versteh ich nicht. Aber okay ...«, Leo stopft die Jacke
in den Garderobenschrank.

Dialoge dieser Art geben uns das Gefühl, der pubertäre Wunsch,
gechillt zu leben, sei nur auf unsere Kosten möglich. Tatsächlich
wünschen sich ja nicht nur gestresste Teenager ein entspanntes
Zuhause – sondern alle Familienmitglieder. Aber schon die banalsten Vorstellungen davon prallen aufeinander – viel öfter,
als dass sie einander ergänzen. Viele Eltern fühlen sich solchen
Situationen ausgeliefert: Entweder wir geben nach, verzichten
also auf unsere Bedürfnisse, oder wir streiten uns permanent.
Eine klassische *Lose-lose-Situation*.

Betrachten wir wieder das Beispiel: Mein Wunsch nach Ordnung hat für mich Priorität. Die Option, eine Jacke nicht aufzu-
hängen, existiert für mich nicht. Was aber, wenn Leos und mein
Bedürfnis gleichwertig sind? Dann wäre die Frage nicht: »Er-
füllt Leo meinen Anspruch oder nicht?«, sondern: »Wie finden
wir eine Lösung, die uns beiden gerecht wird?«

Um in diesem Sinne einen Kompromiss zu finden, muss ich
auch Leos Befindlichkeit wahrnehmen und akzeptieren. Das
aber ist eine Kunst, die nicht nur mir grundsätzlich schwerfällt:
Regelmäßig erscheinen uns Eltern die Bedürfnisse unserer Kinder zu komisch, unberechtigt oder einfach unbequem, als dass
wir sie gleichberechtigt neben unseren erwachsenen betrachten könnten. Und wenn wir Kompromisse eingehen, heißt das
für uns, dass wir uns *ausnahmsweise* geschlagen gegeben ha-

ben: Bei Kleinkindern muss dann das Spielzeug nicht sofort aufgeräumt werden – bei Teenagern geht es um die Jacke oder das Sportzeug.

Das Gefühl, gegen unseren Willen nachgegeben zu haben, ereilt uns allerdings nur, weil wir unsere Vorstellungen denen des Kindes überordnen. Wenn wir diese Hierarchie elterlicher versus kindlicher Ziele hinterfragen, sieht es anders aus: Statt uns erfolgreich im Streit durchzusetzen oder alternativ als Verlierer zu fühlen, können wir auch mit einem Kompromiss ein gutes Gefühl haben. Warum? Weil alle Bedürfnisse gleichberechtigt einbezogen wurden und beide Seiten Zugeständnisse machen. Die Situation wird gelöst, ohne dass auf einer Seite Groll zurückbleibt, eine friedliche Atmosphäre wird plötzlich möglich. Im Beispiel oben haben Leo und ich uns darauf geeinigt, dass er seine Jacke jetzt regelmäßig in eine Schublade *stopft* – damit ich mich über den ordentlichen Eingangsbereich freuen kann. Fühle ich mich nun schlecht, weil ich mein Ziel nicht voll und ganz erreicht habe? Weil es lächerlich ist, dass ein Fünfzehnjähriger seine Jacke nicht auf einen Bügel hängen kann? Nein! Weil ich weiß, dass er mir mit dem Aufräumen der Jacke auf seine Art entgegenkommt.

Es wird viel über die Kooperationsbereitschaft von Kleinkindern geschrieben und wie wir diese erhöhen können, wenn wir sie die Erfahrung machen lassen, dass ihre Wünsche und Bedürfnisse eine Rolle spielen. Für Teenager ist dies noch wichtiger. Wenn wir also bereit sind, pubertärer Eigenwilligkeit, Faulheit oder abstrusen Ideen zu Hause mit ein bisschen mehr »Warum nicht?« und »Wo ist das Problem?« zu begegnen und unser Verlangen nach Ordnung und Effizienz etwas zurückzustecken, finden auch ruppige Teenager viel weniger Anlässe für provokatives Verhalten. Das Zuhause kann so für alle zu einem entspannteren Ort werden.

GLÜCKSSTRATEGIE

Rückzug ermöglichen

Leben lassen, aber präsent bleiben

In der Pubertät haben wir manchmal den Eindruck, dass es zu Hause am besten funktioniert, wenn Eltern und Teenager sich aus dem Weg gehen. Unsere Anwesenheit scheint egal zu sein, gerne auch ausdrücklich unerwünscht. Im Verlauf der Pubertät empfinden Teenager familiäre Anwesenheitspflichten immer mehr als Zumutung: Das gemeinsame Essen – laut Coca-Cola-Familienstudie[53] für 83 Prozent der befragten Erwachsenen mit Familie ein wichtiger Geborgenheitsmoment – dient Jugendlichen nur zur Nahrungsaufnahme. Gemeinsame Ausflüge am Wochenende empfinden 78 Prozent der Eltern mit Kindern als Augenblicke des Glücks. Heranwachsende kann man damit jagen. Der Kontakt mit den Eltern ist für Teenager nicht zu Unrecht untrennbar mit deren Wunsch nach Austausch und gemeinsamen Unternehmungen verbunden. Genau das aber müssen wir kritisch reflektieren, wenn das Zuhause auch während der Pubertät und darüber hinaus ein Ort des Rückzugs sein soll: Wir müssen unsere Kontakterwartungen loslassen. Leicht ist das nicht. Ich mache mir regelmäßig besorgt Gedanken darüber, wie viel Zeit eine *gute* Familie eigentlich miteinander verbringen sollte. Gift für meine Seele sind Abende mit Eltern, die sich gegenseitig hochschaukeln in Erzählungen über wunderbare Familienaktivitäten – Spieleabende, Kinobesuche, Kochsessions, alles noch möglich mit den Traumteenagern dieser Familien. Mir kommt die Galle hoch: Leo hält gerade meinen Plan, den von mir sehnsüchtig erwarteten Coming-of-Age-Film *Tschick* gemeinsam anzuschauen, für einen Witz. Er verweigerte schon mit zehn freundschaftliche Familientreffen: »Das sind eure Freunde, ich will mit diesen Kindern nichts zu tun haben.« Unseren viel gelobten gemeinsamen Mahlzeiten gibt er meist ganze fünf Minuten, und so weiter. Es ist frustrierend!

Und doch kenne ich auch das ganz andere Gefühl: dass ein Zuhause *mit* Eltern plötzlich dringend erwünscht ist. Mal sehe ich meinen Sohn wochenlang nur von hinten, mal treibt er sich ständig in der Küche herum, offensichtlich auf der Suche nach Kontakt. »Wie, du bist heute Abend schon wieder nicht da?«, fragt er dann enttäuscht, und ich verstehe die Welt nicht mehr. Eine leere Wohnung kann sich anscheinend manchmal nach wunderbarer Freiheit anfühlen und manchmal ganz schön einsam – wie ist dieser Widerspruch zu erklären?

So fern und doch so nah – ein typisches Symptom jugendlicher Zerrissenheit. Das, was Leo sucht, ist *meine Präsenz*. Präsenz ist nicht das Gleiche wie Anwesenheit. Sie ist mehr oder weniger, je nachdem, wie man es betrachtet: Mehr, weil es um die emotionale Gegenwart geht, darum, »sich dessen bewusst zu sein, was im Moment passiert«, so beschreibt es Daniel Siegel.[54] Präsent zu sein heißt, emotionale Bedürfnisse zu erspüren und zur Verfügung zu stehen, ohne sich aufzudrängen. In diesem Sinne ist Präsenz auch weniger als die gewohnte elterliche Anwesenheit: Wir sind da, aber ohne die üblichen Erwartungen und Fragen an unser Kind.

Ich erlebe übrigens immer wieder, dass Teenager *Präsenz* intuitiv besser beherrschen als Erwachsene. Sie haben per se geringere Erwartungen an uns als umgekehrt, sind aber nicht weniger in der Lage zu spüren, wenn's drauf ankommt. Und dann sind sie einfach da, so wie Leo in diesem Beispiel:

> Ein schwarzer Tag: Die ersten Verlagsabsagen für dieses Buch sind gekommen, gleich zwei Stück. Ich bin traurig und ärgere mich gleichzeitig über dieses Gefühl, denn dass mir nicht sofort alle Türen offen stehen, ist keineswegs überraschend – damit muss man als Neuling rechnen. Ich versuche mit meiner Enttäuschung klarzukommen und lasse meinem Sohn seine wohlverdiente Ruhe nach der Schule. Aber plötzlich steht er neben mir in der Küche, schaut mich ruhig an und fragt: »Möchtest du reden darüber, warum du so traurig bist?« Daraus wird ein tröstliches Gespräch, in dem ich vor allem meinen unerschütterlichen Glauben an mein Projekt spüre – herausgekitzelt von meinem Sohn, der mir in diesem Moment seine *Präsenz* schenkt.

Familie zelebrieren

Wir müssen uns damit abfinden: Wenn Teenager älter werden und die Familie weniger Zeit miteinander verbringt, werden gemeinsame Erlebnisse weniger. Und trotzdem gibt es immer noch solche, die alle Familienmitglieder berühren: Erfahrungen, Rituale und Zeichen, die nur *Wir* (er-)kennen. Momente, die das Potenzial zum Running Gag oder zur unvergesslichen Story haben: Wie *der* Song der Amerikareise, der einzige, den alle mochten. Wie der nicht enden wollende böse Lachkrampf von Mutter und Sohn, als der freie Platz neben dem Vater für den Langstreckenflug von dem dicken besoffenen Russen eingenommen wurde. Oder wie unsere Angewohnheit, im Urlaub *Camp-David*-Hemden zu zählen.

Ich hätte gedacht, dass sich Leo mit zunehmendem Alter von solchen Erinnerungen abgrenzen wird – weil er zu alt, zu cool oder eben zu wenig an Familie interessiert ist. Aber das Gegenteil ist der Fall: Seine Wahrnehmung solcher Momente ist bewusster geworden, die geteilte Erinnerung daran erwachsener, aber er spricht immer wieder davon. Er mag es offensichtlich, seiner Zugehörigkeit auf diese Weise Ausdruck zu verleihen.

Verständnis sticht Regeln

Wie für die meisten Teenager ist das frühe Aufstehen unter der Woche für Leo eine Qual. Vor einiger Zeit erinnerte ich mich daran, dass meine Mutter mir in diesen Jahren morgens das Frühstück ans Bett gebracht hat und wie sehr mir diese Geste den Start in den Schultag erleichtert hat. Seitdem darf auch Leo morgens im Bett frühstücken.

Verständnis zu zeigen – in der Pubertät fällt uns das eher schwer. Gerade in diesen Jahren erscheint uns das Einhalten von Regeln, Prinzipien und Pflichten so wichtig – wichtiger als verständnisvolle Gesten in den Momenten, in denen es Teenagern nicht gut geht. Und obwohl doch unsere eigenen Erfahrungen irgendwo im Hinterkopf abgelegt sein müssten, pfeifen wir bei unseren jugendlichen Kindern gerne auf diese Art von Feingefühl. Wir geben unserem Wunsch nach Konsequenz einfach mehr Gewicht, fühlen uns ausgenutzt oder nicht wertgeschätzt. So wie ich nach Leos letzter schwerer Erkältung:

> Über eine Woche lang umsorgte ich meinen Sohn liebevoll, und nach seiner Genesung erhoffte ich mir insgeheim einen ausdrücklichen Dank – oder zumindest kurzfristig etwas mehr bewusste Aufmerksamkeit für *meine* Bedürfnisse als sonst. Stattdessen ergab sich folgender Dialog:
>
> »Das ist nicht dein Ernst, Mama, du hast mein Schulzeug total durcheinandergebracht!«
>
> »Leo, ich habe dir zuliebe dein Zimmer aufgeräumt, damit du dich wohlerfühlst und dich nicht krank im Chaos aufhalten musst. Ist das jetzt der Dank?«
>
> »Du nervst! Ich hab dich nicht darum gebeten, hier irgendwas wegzuräumen, und jetzt finde ich nichts!«

Nie wieder!, schwöre ich mir in solchen Momenten – aber das ist nur die Wut des Augenblicks. Eigentlich plädiere ich dafür, mit Großherzigkeit zu geben. Liebevolle Gesten bringen keine verwöhnten Ungeheuer hervor – auch wenn es manchmal kurzfristig so erscheint –, sondern Kinder, die ihr Zuhause wertschätzen und uns diese Wertschätzung zurückgeben. Nicht mit erwachsener Zuverlässigkeit und Konstanz, aber dafür umso herzlicher, wie diese beiden Beispiele zeigen:

Als ich aus dem Job komme, feststelle, dass der Kühlschrank leer ist, sich Berge von Wäsche türmen, die Teller vom Frühstück noch auf dem Tisch stehen und mir dann auch noch einfällt, dass meine Mutter morgen Geburtstag hat, erkennt Leo in Sekunden mein dringendstes Bedürfnis: Ab auf die Couch und starren! Und er? Unterstützt mich spontan auf seine Weise, indem er sich sein Handy schnappt: »Mama, ich schau grad bei *Liefe-rando*, auf was hast du Lust?«

Meine Freundin Birgit erzählt mir gerührt, dass ihre siebzehnjährige Tochter Lea, die mitten in der Abiturvorbereitung steckt, beiden Eltern dieses Jahr zum ersten Mal einen Adventskalender gebastelt hat. Einfach so. Aus Dank für verständnisvolle Unterstützung trotz des nicht immer ganz leichten Auskommens dieser Tage!

ZUGEHÖRT

Aus meinen Gesprächen mit Teenagern

Über Freunde, Freundinnen
und das Verliebtsein

»Ich habe meine zwei besten Freundinnen, mit denen verstehe ich mich richtig gut. Mit niemandem bin ich so wie mit ihnen – richtig ich selbst. Ich kann mir nicht vorstellen, dass wir irgendwann nicht mehr befreundet sein werden.«
Carla, 15

»Jungs sind nicht so hinterlistig und sie sagen, wenn ihnen etwas nicht passt, sind unkomplizierter. Deshalb habe ich mehr Freunde als Freundinnen.«
Lena, 17

»Ich bin total genervt von mir selbst, wenn ich verliebt bin, weil ich mich nicht konzentrieren kann. Ich bin zwar irgendwie happier, aber halt schlechter in der Schule. Schaue lieber aufs Handy und schreibe eine Nachricht, als zu lernen.«
Luisa, 17

»Durch meine Freundin habe ich ein sehr viel größeres Selbstbewusstsein bekommen. Wenn ich mit ihr zusammen bin, will ich nicht weg. Sie hat einen Trailer am See. Da einfach nur zu sitzen und zu kuscheln – besser gehts nicht.«
Danny, 16

»Ich war noch nie richtig verliebt. Und auch niemand in mich – oder ich habe es zumindest nicht gemerkt. In der Schule geht es auch nicht darum, in wen man verliebt ist, sondern eher darum, dass man beliebter wird, wenn man eine Freundin hat.« *Paul, 14*

»Mein Exfreund hat uns ganz viel Kummer bereitet, meinen Eltern und mir. Schon beim ersten Mal, als er bei uns zu Hause war, hat er seinen Rausch ausgeschlafen. Einmal war sogar die Polizei bei uns wegen ihm und seiner Drogen. Und einmal ist er durch den Hintergarten eingebrochen. Aber er war der erste Junge, in den ich richtig verliebt war. Er hat mit sechs anderen Mädchen geschlafen. Mit sechs! Die Jungs hatten eine Wette, wer die meisten Mädchen flachlegt. Das war richtig schlimm für mich. Man fühlt sich so ausgenutzt. Für ihn war es nur Freundschaft *plus*. Für mich geht aber nur ganz oder gar nicht. Ich kann doch nicht zehngleisig fahren! Ich versteh nicht, wie man so sein kann.« *Elisa, 16*

»Es war hart, weil ich so lang unglücklich in meine Freundin verliebt war. Sie hatte einen Freund, danach hat es noch mal acht Monate gedauert, bis wir zusammengekommen sind, und vor dem Freund war ich auch schon in sie verliebt. Ich bin echt zwei Jahre lang drangeblieben, habe immer versucht, mich abzulenken, aber eigentlich war es immer sie. Jetzt sind wir endlich zusammen, und es ist einfach nur schön.« *Basti, 18*

Welche Auswirkung haben soziale Medien auf deine Freundschaften?

»Manchmal ist es leichter, manchmal schwerer durch WhatsApp: Gut ist, dass man in Kontakt bleibt und über Dinge reden kann, auch ohne sich zu sehen. So wie zum Beispiel letzten Freitag, als dieser Typ mich geküsst hat. Wir haben uns zwar nicht mehr gesehen, aber darüber ›geredet‹. Als mein Freund in England war, hat es uns aber auseinandergebracht, dass wir nur geschrieben haben und jeder zu faul war, den anderen anzurufen.« *Lena, 17*

»Es gibt über WhatsApp mehr Streit als im wahren Leben. Und man streitet sich über so viel Bullshit, wie man sich in echt gar nicht streiten würde. Nur weil einer mal ein Smiley vergisst, kann schon das Drama losgehen. Du kannst Nachrichten so falsch deuten. Unsere Generation ist echt schlimm. Man sieht ja auch immer, ob der Freund die Nachricht gelesen hat. Echt nervig: Der hat es gelesen und antwortet nicht und er ruft auch nicht zurück. Richtig unnötig eigentlich, so viel unnötiges Drama, das nervt mich echt, aber man ist halt so drin.« *Kyra, 15*

»Das Gute am Schreiben ist, dass man sich überlegen und zurechtlegen kann, was man sagen will. Insofern ist es aber auch wichtig, dass man sich gut überlegt, was man schreibt, sodass nichts Falsches ankommt – das passiert ständig.« *Frederik, 17*

»Außerdem tauscht man alles mit Freundinnen aus. Da wird sofort ein Screenshot gemacht und an die beste Freundin geschickt. Das machen alle.« *Kyra, 15*

»Die Zuverlässigkeit ist schwierig wegen WhatsApp. Wenn man zum Beispiel eine Woche vorher planen will, geht das nicht. Wenn man sich Samstag treffen will, sagt jemand fünf Minuten vorher ab. Alle wollen sich nur kurzfristig entscheiden. Es ergibt sich aus dem Moment oder gar nicht, wer zu früh fragt, ist uncool.«   *Carla, 15*

»Die meisten Jungs machen sich's viel einfacher über WhatsApp. Sie schreiben Sachen, die sie in echt nie sagen würden. Schreiben ›Ich find dich *so* toll‹, aber wenn sie dann mit dir reden, sagen sie kein Wort, sind total schüchtern. Auch von Junge zu Junge machen sie auf dicke Hose, und es ist nichts dahinter.«   *Elisa, 16*

Übers Feiern, Alkohol, Rauchen und Drogen

»Freitag- oder Samstagabend sind wir immer eine chillige Runde bei jemandem, wo die Eltern nicht zu Hause sind. Wir trinken ein bisschen was. Ich habe noch nie gekifft, und auch alle meine Freundinnen haben es noch nie probiert. Die Mädels machen das eher nicht. Viele Jungs hatten schon so eine Kiffphase, aber mittlerweile sind sie schon wieder zu alt dafür. Wenn, dann trinken wir Alkohol.«   *Lena, 17*

»Wir gehen an den Fluss oder zu jemandem nach Hause zum Grillen und Trinken. Für mich ist Alkohol schon wichtig, weil das noch neu ist und ich es auskoste. Allerdings habe ich auch noch kein richtiges Maß gefunden für mich.«   *Danny, 16*

»Ich finde Alkohol nicht so appetitlich. Bier schmeckt mir nicht, und warum und wo sollte ich Wein trinken? Aus meinem Freundeskreis habe ich noch keinen richtig betrunken gesehen. Alkohol schadet ja auch nur – zumindest, wenn man seine Grenzen nicht kennt. Kiffen ist auch eher schon vorbei. Vor zwei oder drei Jahren haben viele gesagt ›Hey, das ist so cool!‹, jetzt sind eher alle auf Alkohol aus.«   *Paul, 14*

»So mit vierzehn habe ich angefangen, abends mit Leuten was zu trinken. Wir haben uns im Park getroffen und Bierchen getrunken, weil wir in Bars nicht reingekommen sind. Oder wir sind bei Freunden zu Hause, wenn die Eltern weg sind. Oder wir grillen am See.

Ich rauche, seit ich vierzehn bin, mein Vater findet es nicht toll. Meine Mutter denkt, sie ist schuld (weil sie auch raucht), aber das stimmt nicht. Bei mir raucht einfach der ganze Freundeskreis. Es hat damit angefangen, dass die zwei Coolsten geraucht haben, und dann wurden es immer mehr. Kiffen habe ich zwei Mal ausprobiert und fand es total schlimm. Ein paar machen es regelmäßig, das merkt man ihnen auch an – es verändert den Charakter. Anders als Alkohol, der ist nur an dem Abend zustandverändernd. Manche, die kiffen, bleiben drauf hängen, sind träge und dumm, auch wenn sie gerade mal nicht bekifft sind. Ich verstehe das nicht, und ich finde es extrem anstrengend mit diesen Leuten. Ich brauch das echt nicht.«   *Basti, 18*

»An einem der beiden Wochenendabende gehe ich immer feiern, nicht mit meinen Freundinnen, sondern mit meinen Feierfreunden. Mit denen habe ich sonst nicht so viel zu tun – ich verstehe mich megagut mit denen, aber ich sehe sie nur am Abend. Dann gehen wir in den Klub. Ist ein bisschen kritisch reinzukommen, weil ich noch nicht achtzehn bin, aber meine Freunde sind ja älter und sie kennen meist jemanden, dann ist es relativ einfach.«

Elisa, 16

»Ganz ehrlich? Ich trink schon manchmal viel, also ich musste mich schon zweimal übergeben – einmal davon war ich aber sogar mit dem Papa unterwegs. Aber sonst bin ich immer nur ein bisschen angetrunken. Ein paar von den Jungs, die dabei sind, sind schon hart drauf, die wachen am nächsten Morgen irgendwo auf der Straße auf. Ein paar von denen koksen auch. Die sind aber älter, so neunzehn, zwanzig. Aber trotzdem, ich finde das richtig schlimm. Das sieht man ja auch, die sind dann komplett andere Menschen, ich finde das wirklich schlimm. Kiffen hab ich einmal probiert, das ist drei Monate her, und es hat mit mir überhaupt nichts angestellt. Danach habe ich es auch nie wieder gemacht. Es reizt mich null Komma null. Aber es machen relativ viele, so 20 bis 30 Prozent. Rauchen finde ich schlimmer als Kiffen. Das hat noch nicht mal eine Wirkung, man ist nicht besser drauf, es stinkt nur. Ich finde es richtig eklig. Aber es rauchen *so* viele. Von meinen Freunden bestimmt 80 Prozent – also von denen, die feiern gehen. An meiner Schule sind es nur vielleicht zehn Prozent.« *Elisa, 16*

FREUNDE FÜRS LEBEN

Eine neue Beziehung

Neue Rollen einnehmen

Ich denke manchmal zurück an die Zeit, als wir noch kein Kind hatten, versuche mich an das Gefühl zu erinnern, nicht Mutter zu sein. Es gelingt mir nicht mehr. Wenn man Kinder bekommt, verändert sich das Selbstverständnis als Mensch von Grund auf. Nicht augenblicklich – zumindest war es in meinem Fall nicht so –, es braucht ein bisschen Zeit, Mutter- oder Vatersein zu üben, ein paar experimentelle Jahre, aber dann läuft's, wir sind drin in unserer Elternrolle, für immer – denken wir zumindest. Über die Zeit sammeln wir Erfahrung, bauen uns unser persönliches Gerüst aus Erziehungsprinzipien und Familienprozessen und fühlen uns meistens gut in dem, was wir routiniert und mit ganzem Herzen tun. Wir wiegen uns in glücklicher Elternsicherheit. Und dann plötzlich, gerade wenn Elternsein nicht nur schön, sondern auch richtig einfach ist, fällt unser Kind mit Eintritt der Pubertät »aus seiner Rolle«. Und weil unsere Elternrolle abhängig ist vom Pendant der Kinderolle, war's das erst einmal mit unserem sicheren Elternselbst.

Wenn die Verteilung der Rollen nicht klar ist, führt das zu Krisen in Beziehungen. Das gilt nicht nur für Partnerschaften, sondern auch für Familien. Wenn wir also eine stabile, liebevolle Beziehung zu unserem heranwachsenden Kind suchen, müssen auch wir Eltern unsere neue Rolle finden – deshalb ist die Pubertät nicht nur für Teenager die Zeit der großen Suche!

Was uns als Eltern ausmacht

»Ich bin gerade voll genervt«, sagt Leo am Telefon. »Ich erzähle es dir, wenn du kommst«, und legt auf. Zu Hause gehe ich sofort in Leos Zimmer. Er liegt auf seinem Bett, versunken in einen Handy-Chat, sagt kein »Hallo«, er hebt nicht einmal den Kopf zur Begrüßung. Das Smartphone summt ununterbrochen, die Nachrichten scheinen hin- und herzurasen. Ich stehe verloren da: »Willst du mir erzählen, was los ist?« Keine Reaktion, nur Getippe. »Soll ich später noch mal kommen?«, frage ich und berühre ihn vorsichtig am Arm. Er schüttelt mich ab: »BITTE, Mama, das nervt echt!«

Unsere Kinder wachsen heran, und unser Elternsein wird auf den Kopf gestellt: Selbstverständliche Zuneigung, lieb gewonnene Aufgaben, das Gefühl, gebraucht zu werden – alles nicht mehr so, wie wir es gerne hätten. In Situationen wie diesen suchen wir unseren Platz, fühlen uns nutzlos, überflüssig und aufdringlich. Das ist womöglich übertrieben, denn »nur« unsere Rolle verändert sich – aber die dafür grundlegend. Was ist eigentlich eine Rolle? Sie kann als Summe der von anderen erwarteten Verhaltensweisen an eine Person definiert werden.[55] In guten Beziehungen ergänzen sich die Rollen, so auch zwischen Eltern und (kleinen) Kindern: Eltern sind zuständig für die Geborgenheit, fürs liebevolle Umsorgen, für die Sicherheit und für die Richtung, in die es geht im Leben. Das passt zu den Bedürfnissen des Kindes wie Deckel auf Topf – naturgegeben perfekt.

Mit Beginn der Pubertät beginnt es zu haken im Rollenzusammenspiel, denn junge Erwachsene verändern die Erwartungen an ihre Eltern, nicht selten radikal. Was sie jetzt brauchen, wissen sie dabei selbst nicht so genau, und es wandelt sich ständig. Teenager signalisieren vorwiegend, was sie nicht mehr wollen, so wie Leo mir im Beispiel deutlich zeigte, dass meine liebevolle Nähe ihm nicht helfen konnte. Ich trat den Rückzug an – ratlos allerdings, denn es war doch gefühlt gestern, dass meine wortlose Zuneigung noch Wunder bewirken konnte, wenn es Leo schlecht ging. Aber die Szene ging weiter: Nach einer halben Stunde kam Leo zu mir, sichtlich beruhigt. In sachlichem Ton erzählte er mir, was vorgefallen war: Ein Freund hatte sich blöd verhalten, das Ganze war im Chat eskaliert, und Leo fühlte sich tief verletzt. Trotzdem wirkt er selbstbewusst und unglaublich erwachsen, als er mir den Streit schildert. Und ich erlebe, wie mein Muttersein sich wandelt – mein Sohn braucht immer seltener meine Unterstützung, wenn es Stress mit Freunden gibt. Er hat das Bedürfnis, selbst Lösungen zu finden. Ob es mir passt oder nicht – ich muss mich von meinem Wunsch verabschieden, ihn zu umsorgen und ihm zu helfen. Aber irgendwie gefällt es mir auch, wie es jetzt ist: Ich bin stolz auf seine Selbstständigkeit und genieße, dass er zumindest sein Mitteilungsbedürfnis (noch) bei mir stillt.

Als Eltern sich damit auseinanderzusetzen, wie sich die eigene Rolle ändert, halte ich für die größte Herausforderung und gleichzeitig die größte Chance in den Pubertätsjahren: Wir halten fest. Am Verhalten (»Es hat doch bisher gut funktioniert«), an Denkmustern (»Ich muss mein Kind erziehen«) und an unseren Ansprüchen (»Ich muss in die richtige Richtung lenken«). Wir sind veränderungsavers aus Überzeugung oder aus Unsicherheit oder einfach unbewusst. Und genau das führt uns in die großen Pubertätsprobleme. Diese Tatsache beschreiben zahlreiche Pädagogen und Erziehungswissenschaftler, und auch meine Erfahrungen bestätigen es. Denn wie reagieren Jugendliche auf das eingefrorene Rollenverständnis ihrer Eltern?

Sie widersetzen sich, um ihr neues Selbstvertrauen zu manifestieren, sie lügen, um unserem Rollenbild zu entsprechen und es gleichzeitig zu umgehen, oder sie ziehen sich zurück und legen die Beziehung zu ihren Eltern vorübergehend auf Eis.

Die Qualität unserer Beziehung ist davon abhängig, wie wir die neue Rolle als Eltern von jungen Erwachsenen verstehen und annehmen können. Wenn unsere Kinder anfangen, sich zu verändern, sollten wir also bereit sein, mit ihnen auf Wandelmodus zu schalten. So weit, so theoretisch einleuchtend. Aber wie soll diese neue Rolle denn konkret aussehen?

Nur der Wandel ist sicher

Timo hat zu seinem dreizehnten Geburtstag den Gutschein für ein Longboard bekommen. Er bittet seine Mutter Susanne, mit ihm für Auswahl und Kauf in die Stadt zu fahren. Vor dem *Cocoloco*, dem einschlägigen Boarderladen, fragt Susanne: »Soll ich mitkommen?« »Ja klar«, ist die Antwort. Verloren stehen Timo und seine Mutter dann im Laden. Timo macht weder Anstalten, sich den Boards zu widmen, noch einen der Verkäufer um Hilfe zu bitten. Nach kurzer Zeit kommt einer der coolen Boardertypen auf ihn zu: »Kann ich dir helfen?« Timo zuckt nur mit den Schultern. Nach einer (gefühlt unendlich langen) Gesprächspause greift Susanne ein: »Mein Sohn möchte gerne ein Longboard kaufen und braucht Unterstützung.« »Klar gerne, was darf es denn kosten?« Schulterzucken von Timo. »Na ja, es sollte eher ein Einsteigerboard sein, maximal 300 Euro würde ich sagen«, überbrückt die Mutter erneut. Im weiteren Verlauf des Verkaufsgesprächs kommt Timo langsam ins

Reden und verlässt schließlich mit einem wunderbaren Longboard seiner Wahl den Laden. Anstatt sich allerdings zu freuen, rastet er im Auto komplett aus: »Du bist das Letzte, das war so peinlich, ich komme mir so blöd vor, wenn du immer für mich sprichst!«

Ich habe schon unzählige solcher Situationen erlebt: Ich gehe zunächst davon aus, dass mein Kind etwas selbstständig handhaben will, werde aber von ihm ermuntert, dabei zu sein. Ich halte mich dann zurück, wenn ich aber erlebe, wie schüchtern er sich verhält, versuche ich doch, ihn vorsichtig zu unterstützen – ein großer Fehler! Mein »unmögliches Verhalten« fliegt mir prompt um die Ohren. Tja, ich bin fünfzehn Jahre später wieder beim Trial-and-Error angekommen. Zurück auf Los also. Learning-by-wrong-doing.

Im langen Prozess des Erwachsenwerdens entstehen die größten Rollenkonflikte zwischen Eltern und Kindern, weil *beide* unsicher in ihrem Verhalten sind. Timo hat noch nicht die Souveränität, aktiv ein Verkaufsgespräch zu führen. Susanne weiß nicht, was ihr Sohn eigentlich von ihr erwartet. (Wahrscheinlich weiß er es selbst nicht so genau.) Jugendliche wechseln ständig zwischen den Welten. Mal brauchen sie die Sicherheit des behüteten Kindseins, mal sind sie schon selbstbewusste Erwachsene. Wie sollen wir Eltern da wissen, was gerade gefragt ist?

Wir machen schon einen großen Schritt, wenn wir überhaupt anfangen, unser Rollenverhalten zu beobachten und uns darauf einlassen, Teil eines nicht sehr linearen Veränderungsprozesses zu sein. Susanne zum Beispiel ist wütend auf Timo, weil er sie anschimpft, statt sich über sein neues Longboard zu freuen. »Diese Pubertät macht mich wahnsinnig«, denkt sie genervt. Anstatt nur die unglückliche Reaktion ihres Sohnes zu bewerten, könnte sie auch ihr eigenes Verhalten reflektieren – sich zum Beispiel vornehmen, bei ähnlichen Situationen künftig vorher zu klären, was ihr Sohn sich eigentlich von ihr wünscht. Wenn wir bereit sind die Botschaften wahrzunehmen, die Teenager – meist laut und unfair – senden, können wir für unsere neue Rolle daraus lernen.

Same same but different

Ich habe manchmal großen Spaß daran zu beobachten, wie Leo seine Rolle als Erwachsener *übt*, wie er zum Beispiel plötzlich übertriebene Höflichkeit an den Tag legt – sich geradezu förmlich für Dinge bedankt, die eben noch selbstverständlich waren: »Papa ich wollte mich noch mal bedanken dafür, dass ich im Urlaub dein iPad so oft benutzen durfte.« Oder wie er sich plötzlich für das Befinden seiner Mutter interessiert: »Und, wie war *dein* Tag, Mama?« Oder wie er sich sogar um meine »Ernährung« kümmert: »Ich hab uns was zum Mittagessen gekauft.« (Ein Croissant und eine Nussschnecke!)

Der Wunsch danach, in seiner Rolle als dritter Erwachsener der Familie akzeptiert zu werden, ist riesig. Schätzungsweise 90 Prozent unserer Streitigkeiten mit ihm gehen darauf zurück, dass Leos Vater oder ich ihn – in seinen Augen – nicht dementsprechend behandeln: Wenn Leo auch nur einen Hauch von hierarchischem Eltern-Kind-Denken spürt, geht er in den Widerstand – dann legt er typisch pubertäres Verhalten an den Tag und reflektiert das sogar später: »Ich habe doch gemerkt, dass du mich nicht ernst genommen hast – und dann wollte ich dich eben provozieren.«

Teenager fühlen sich wahnsinnig erwachsen. Und wir Eltern kommen nur schwer hinterher, uns darauf einzustellen. Aus meiner Erfahrung gilt die einfache Regel: Je mehr ich Leo auf Augenhöhe begegne, desto besser funktioniert unser Zusammenleben. Je mehr ich ihm das Gefühl gebe, seine Argumente gleichberechtigt anzuhören, desto bereitwilliger gibt er auch mal meinen recht.

Zu dieser Gleichberechtigung gehört für mich allerdings auch, dass ich Leos gewünschte neue Rolle nicht nur annehme, sondern auch einfordere: Wer erwachsen behandelt werden möchte, der muss auch zeigen, dass er es ist. Wenn es aber darum geht, in der Familie einen erwachsenen Beitrag zu leisten, kommt Teenagern allzu oft ihre Faulheit dazwischen. So wie hier:

> »Mama, kannst du mir nicht die Nudeln machen?«
> »Ne du, ich bin spät dran.«
> »Aber es schmeckt dann besser.« (Es geht um das Aufwärmen von Tomatensoße aus dem Glas!)

Oder hier:

> »Die Wäsche waschen? Da mach ich mir bestimmt die neuen T-Shirts kaputt – bitte mach du das!«

Kein Wunder, wenn wir Eltern das Bedürfnis nach Augenhöhe öfter mal übersehen. Ich zwinge mich immer wieder, Leo bei seinem Erwachsenenbewusstsein zu packen: Ich lasse ihn seine Koffer ohne Nachkontrolle packen oder für uns alle kochen – mit allen Konsequenzen, also fehlender Kleidung im Urlaub und verbrannten Töpfen. Manchmal fühlt er sich richtig wohl dabei. Manchmal akzeptiert er einfach nur meine Erklärung: »Ich kann das nicht mehr für dich übernehmen, das wäre doch peinlich.« Und manchmal wehrt er sich auch vehement – dann, wenn es so schön bequem ist, das kleine Kind raushängen zu lassen nach der Devise: »Ich weiß doch gar nicht, wie man ein Bett bezieht.«

Auf jeden Fall genieße ich die Momente, in denen mein Sohn mich überrascht mit *wirklich* erwachsenem Benehmen: Wenn er seiner Mutter gegenüber den Gentleman gibt, mir die Tür aufhält oder wie selbstverständlich die Wasserkästen schleppt – genau dann spüre ich, wie toll sie sich jetzt schon anfühlt, diese gleichberechtigte Beziehung unter (fast) Erwachsenen.

Mütter- und Väterrollen

Betrachten wir das Zusammenspiel der Familienmitglieder noch etwas genauer, dann stellen wir fest: Mütter und Väter verhalten sich nicht gleich, und Heranwachsende haben verschiedene Erwartungen an den jeweiligen Elternteil. In der Pubertät prägen sich schon gelebte Unterschiede weiter aus, oder die Rollen verändern sich grundlegend. Ich erinnere mich noch gut daran, wie ich als Jugendliche regelmäßig mit meinen Freundinnen darüber diskutiert habe, ob wir zu unserer Mutter oder zu unserem Vater die bessere Verbindung haben: Mein Empfinden dazu war je nach Entwicklungsphase völlig unterschiedlich.

Der Kinderpsychologe Wassili Fthenakis erklärt die verschiedenen Rollen von Mutter und Vater so:

»Beide Elternteile sind unverzichtbar. Aber sie setzen unterschiedliche Schwerpunkte. Väter sind besonders stark an der Entwicklung des Selbstkonzepts des Kindes beteiligt ... Und sie haben eine zentrale Rolle, wenn es um die Entwicklung der Autonomie geht, ebenso bei der Ausprägung des geschlechtsrollenspezifischen Verhaltens, besonders bei Mädchen. Die Mütter dagegen tragen zur Regulierung sozialer Kontakte und sozialer Beziehungen bei.«[56]

Die Rollen von Müttern und Vätern sind heute immer weniger traditionell verteilt. Aus meiner Beobachtung zeigen sich die unterschiedlichen Einflüsse beider Elternteile – unabhängig von der individuellen Rollenausprägung – in der Pubertät so deutlich wie nie zuvor. Ich finde es spannend, in befreundeten Familien diese Veränderungen der Beziehungen und die Wechselwirkungen verschiedener Charaktere zu beobachten und darüber zu sprechen. Meine Freundin Andrea zum Beispiel hatte zu ihren beiden Kindern eine sehr ausgewogene Verbindung. In der Pubertät wandelte sich dies: Mit ihrer siebzehnjährigen Tochter Sophie ist das Verhältnis enger geworden, Andrea schlüpft gerne in die Rolle der engen Vertrauten und besten Freundin. Die Beziehung zum sechzehnjährigen Jan dagegen ist distanzierter. Ihm gegenüber fühlt sich Andrea weniger sicher in ihrer Rolle und sie agiert dementsprechend vorsichtig. Die Tochter Sophie erzählte mir, wie sie ihre Beziehungen zu den Familienmitgliedern wahrnimmt:

>>Mein Vater hält sich ziemlich raus aus meinem Leben, während meine Mutter mich sehr gut kennt. Dementsprechend neugierig ist sie und mischt sich ständig ein – mehr als meine Freundinnen. Alles was sie mitkriegt, darüber muss ich ganz genau berichten. Und dann kommen immer diese W-Fragen – wie von kleinen Kindern: Wieso? Weshalb? Warum?

Mein Vater interessiert sich auch, aber er stellt es geschickter an. Er beobachtet, hört zu und zieht seine Schlüsse. Dann stellt er Mama die wichtigen Fragen und weiß am Ende bestens Bescheid. Ich bin manchmal verwundert, wie viel er über mich weiß.

Ich bin froh, meinen Bruder zu haben. Er springt für mich ein und bremst meine Mutter in ihrer Neugier. Obwohl er jünger ist, kann er sie besser auf Abstand halten, das akzeptiert sie, und ich kann auch meine Ruhe haben.«

Wenn man Andrea fragt, für welches der beiden Kinder sie aus ihrer Sicht welche Rolle spielt, beschreibt sie die Beziehung zu Sophie als (momentan) nah, harmonisch und leicht. Interessant ist, dass die Tochter dies anders bewertet – sie empfindet die Nähe der Mutter manchmal als anstrengend.

Bemerkenswert ist auch, dass der Vater zwar gerne am Ball des Teenagergeschehens bleiben möchte, dies aber über den Umweg der Mutter tut. Das ist durchaus typisch: Väter fühlen sich oftmals unwohl mit der Pubertät – vor allem ihrer Töchter. Weil sie plötzlich nicht mehr wissen, wie sie sich gegenüber der jungen Frau mit dem weiblich werdenden Körper verhalten sollen, ziehen sie sich zurück. Dabei werden sie unbedingt gebraucht! Heranwachsende Mädchen sehnen sich nach positiver Bestätigung, gerade durch ihren Vater. So erzählt mir zum Beispiel Luisa:

> »Von meinem Vater wünschte ich mir, dass er ein bisschen mehr Zeit hätte für mich. Er macht mehr mit meinem Bruder, die können halt zusammen Fußball spielen. Und wir gehen vielleicht einmal in zwei Monaten essen, aber sonst machen wir nicht wirklich was zusammen, das vermisse ich.«

Das Verhalten des Vaters in der Pubertät beeinflusst auch maßgeblich das Selbstbild der Tochter, leichtfertig ausgesprochene Kritik à la »Hast ja schon ein paar Kilo zu viel, könntest mal wieder Sport machen«, kann dazu führen, dass sich junge Mädchen in ihrem Körper auch langfristig nicht wohlfühlen.

Väter und Söhne suchen in der Pubertät eher die Auseinandersetzung. Auch bei uns verändert sich die Rolle von Leos Vater: In der Kindheit und frühen Pubertät hielt er sich ziemlich raus aus den kritischen Erziehungsfragen, allzu gerne folgte er meiner Richtung, ohne sich selbst Gedanken zu machen. Und er wunderte sich, wenn er als »Erzieher« von Leo weniger anerkannt wurde als ich. Er hatte das Gefühl, nicht so wichtig zu sein für seinen Sohn. Ich sah darin eher das Problem aller Männer, die nicht die Haupterzieherrolle übernehmen und wenig Zeit mit ihren Kindern verbringen können: Sie laufen dauerhaft zeitverzögert aktuellen Entwicklungen und der Mutter in ihrer Erziehungssouveränität hinterher. Wie auch immer – die Dinge ändern sich gerade grundlegend. Leo sucht intensiv wie nie zuvor den Kontakt zu seinem Vater. Für sein erwachsenes Selbstwertgefühl ist der Sparringspartner *Vater* ungeheuer wichtig – wichtiger als die Mutter. Leos spürbares Ziel ist, dass der Vater ihn dauerhaft auf Augenhöhe ernst nimmt. Ist er sich des Interesses und der Anerkennung seines Vaters sicher, herrscht Bestlaune, wird vor sich hin gesungen, gescherzt, gelacht und viel fachgesimpelt. Ist der Vater im Stress und gedanklich abwesend, bewegt Leo das sehr. Ein gutes Verhältnis zum Vater bringt meinen Sohn ins Gleichgewicht, seine Akzeptanz gibt ihm Sicherheit, seine (vermeintliche) Ignoranz oder Kritik löst Aggressionen aus bis hin zum totalen Ausrasten. In Leos Verhältnis zu mir steckt mehr selbstverständliche Sicherheit – deshalb bin ich diejenige, bei der er Unsicherheiten zeigt und thematisiert. Und ich bin tatsächlich, wie Fthenakis es beschreibt, seine Ansprechpartnerin in allen sozialen Fragen – so wie mir das auch von den meisten meiner jugendlichen Gesprächspartner über ihre Mutter erzählt wurde.

Die Pubertät bietet uns die große Chance, eigenständige Beziehungen zum Kind zu entwickeln – unabhängig vom jeweils anderen Elternteil. In Leos Kindheit hatte ich zum Beispiel oft das Gefühl, zwischen meinem Mann und ihm zu stehen, ihre Verbindung lief über mich, und ich mischte mich viel zu viel ein in das Vater-Sohn-Ding. Mit Leos Erwachsenwerden sind unsere Beziehungen ausgewogener und unabhängiger voneinander geworden.

Wie auch immer die familienspezifische Aufstellung ist – Eltern sollten viel über die Beziehung zu ihren Teenagern nachdenken. Wir sind Gewohnheitstiere und verhalten uns im Alltag so, wie wir es von früher gewohnt sind. Aber welche Beziehungsqualitäten wünschen wir uns eigentlich für die Zukunft? Es hilft, sich dessen bewusst zu werden – am besten, wenn gerade nicht die Hütte brennt.

GLÜCKSSTRATEGIE

Die Augenhöhe suchen

Freunde werden

Für die Wunschbeziehung zu meinem Sohn ziehe ich Parallelen zu meinen engsten Freundschaften – obwohl viele Experten und Eltern das als Todsünde ansehen! »Ich muss nicht die beste Freundin meiner Kinder sein, ich bin ihre Mutter.« Folgt man diesem Standpunkt, dann steht *Freundinsein* für Laisser-faire, Konfliktvermeidung und ewig-jugendliches Anbiedern. Ich empfehle eine etwas differenziertere Sichtweise: Experten warnen davor, der beste Kumpel Jugendlicher sein zu wollen, weil es den Bedürfnissen Heranwachsender nicht gerecht wird, wenn Eltern diese Rolle einnehmen. Dem stimme ich uneingeschränkt zu – ich trage auch als Mutter eines Teenagers die Verantwortung für unsere Beziehung-in-progress und ich will auf keinen Fall die engste Vertraute meines Sohnes werden. Ich will nicht alles über ihn wissen und ich will nicht auf Facebook mit ihm befreundet sein. Ich will nicht mit ihm auf Partys gehen. Und ich whatsappe auch gerne in ganzen Sätzen.

Trotzdem gibt es viele Qualitäten einer Freundschaft, die ich als erstrebenswert für die Beziehung zu einem heranwachsenden Kind sehe: Echte Freundschaft, das bedeutet, eine Person genau so zu mögen, wie sie ist. Wenn ich von Freunden etwas erwarte, dann nur, wie sie sich in unserer Beziehung verhalten. Ich erwarte, dass sie zu mir halten, dass sie ehrlich sind, dass sie sich für mich interessieren, mir vertrauen und mich nicht vorschnell bewerten. Freundschaft wächst mit dem gemeinsam Erlebten, mit den Insiderjokes und den wortlos-wissenden Momenten.

Ist das nicht genau die Art von Beziehung, die wir uns zu unserem erwachsenen Kind wünschen? Also ich plädiere dafür: Eltern und Teenager können Freunde sein! Und es ist ein wunderbares Gefühl, freundschaftlich zurate gezogen zu werden, so wie meine Freundin Jana in diesem Beispiel:

Als Jana ihrem Sohn Felix Gute Nacht sagt, wie gewohnt seit einiger Zeit bewusst ohne Zärtlichkeit, druckst er plötzlich herum und kuschelt sich zu ihrer großen Überraschung in ihren Arm: »Ich muss dir etwas erzählen ... Also ich glaube, ich habe jetzt eine Freundin. Oder, ich weiß es eigentlich nicht, ab wann kann man jemanden als *Freundin* bezeichnen? Und vielleicht ist es für sie auch nur *Freundschaft plus* ... Was meinst du, wie mach ich es, dass es mehr wird, ohne peinlich zu sein?«

Jana bleibt sachlich und cool, aber ihr Herz überschlägt sich vor Glück über so viel Vertrauen. Und es entwickelt sich ein zauberhaftes, vorsichtiges Gespräch über Mädchen – nein, Frauen – und die Frage, wie man sie überzeugen kann.

Auf Metaebene

Freundschaftswerte hin oder her, Eltern- und Teenagerrolle sind auch auf Augenhöhe betrachtet nicht die gleichen. Als Eltern sollten wir zum Beispiel etwas können, das Jugendlichen noch weitgehend abgeht: Ich nenne es *sich auf die Metaebene begeben*. Damit ist Fähigkeit gemeint, Situationen und sich selbst in diesen Situationen zu beobachten. So wie bei diesem Konflikt, bei dem es um die allzu typische Frage geht: Lasse ich mich provozieren oder nicht?

Ich versuche, mich nicht um das Chaos in Leos Zimmer zu scheren – wir hatten das schon. Aber es gibt eine Ausnahme: Wenn sich über Wochen unzählige Arbeitsblätter, zerfledderte Schulhefte und -bücher zwischen Leos über das ganze Zimmer verteilter Garderobe ansammeln, fühle ich mich herausgefordert:

»Wann räumst du die Schulsachen auf?«
»Nerv nicht, stört doch nicht.«

»Doch, bitte räum sie diese Woche auf.«

»Jaja.«

Es passiert nichts.

Am Wochenende: »Plan dieses Wochenende bitte endlich das Aufräumen ein!«

»Ich weiß.«

Sonntag, spätnachmittags: »So, Leo, bevor du jetzt noch irgendetwas anderes machst, will ich, dass du die rumliegenden Schulsachen sortierst.«

»Das geht dich nichts an.«

»Bitte leg einfach los.« Ich bleibe in seinem Zimmer sitzen.

»Ey, wie peinlich bist du denn! Okay, wie du willst, dann nehme ich jetzt einfach alles und schmeiß es in den Müll ...! Bist du dann zufrieden?«

»Das würde ich nicht machen, du brauchst die Unterlagen doch, später ärgerst du dich.«

Es geht eine halbe Horrorstunde lang so weiter: Leo tut nichts. Außer zu schimpfen und zu provozieren. Und ich? Versuche mich auf der *Metaebene* zu halten, indem ich mich vollkommen auf meine Botschaft konzentriere: Die Schulsachen werden *jetzt* aufgeräumt. Das Geplänkel drumherum *muss* mich einfach kaltlassen. Ich beobachte und kontrolliere mich superkritisch, auf dass keiner meiner wütenden Gedanken meinen Mund verlässt. Ich sage also *nicht*: »Wie kann man es überhaupt so weit kommen lassen? So wie dieser Kram aussieht, wundert mich überhaupt nicht, dass du oft Lernlücken hast! Durch dein blödes Getue dauert diese ganze Aktion zwei Stunden – das ist auch meine Zeit!«

Als Leo schließlich (nach einer gefühlten Ewigkeit) merkt, dass seine Angriffe mich nicht beeindrucken und auch nicht abbringen von meinem Vorhaben, beginnt er, in Zeitlupe Blätter aus dem Wust der Klamotten hervorzuziehen, weiterpöbelnd, planlos. Doch sobald ich diesen winzigen Ansatz von Einlenken erkennen kann, unterstütze ich ihn sehr vorsichtig, biete zum Beispiel an, einen Locher zu holen.

Ich bin nach solchen Szenen, in denen die perfekte Mischung aus Gelassenheit und Durchsetzungskraft gefordert ist, völlig erledigt. Aber ich erlebe auch, dass die Rolle der konsequenten Mutter, die sich *nicht* auf die vermeintliche Augenhöhe gegenseitiger Vorwürfe begibt, in diesen Momenten die richtige ist. Das bemerke ich daran, dass wir uns, wenn alles erledigt ist, wieder blendend verstehen.

Handeln auf der Metaebene hat nichts mit überheblichem Herabschauen auf unser Kind zu tun und nichts mit hierarchischem Rollenverhalten – sondern mit der inneren Haltung des schon angesprochenen *Begleiters*. Auf der Metaebene finden wir all die Eigenschaften, die wir unserem pubertierenden Kind als Erwachsene voraushaben wie Geduld, Verständnis, Vertrauen, Empathie und uneingeschränkte Wertschätzung.

Zwischen Nähe und Distanz

Schauen wir erneut auf das Beispiel von Andrea und Sophie: Mutter und Tochter haben ein sehr gutes Verhältnis, aber die Tochter wünschte sich, die Mutter würde sich weniger für ihr Leben interessieren. Andererseits erleben wir alle immer wieder Momente wie diese:

Maximilian wünscht sich ein Wochenende mit seiner Mutter zu zweit in den Bergen.
Leo drängt sich mir geradezu auf fürs Gemüseschnippeln.
Lena lässt sich früh am Sonntagmorgen wecken, um ihre Mutter zum Yoga zu begleiten.

Unser Teenager – gerade noch auf Abstand – sucht plötzlich wieder dringend unsere Nähe, als wären wir zurück in Kindesjahren. Die Befindlichkeiten sind, wie wir wissen, sprunghaft. Und so verläuft zwischen gefühltem Einmischen der Eltern einerseits und Desinteresse andererseits nur ein sehr schmaler Grat. Für unsere Rolle auf Augenhöhe gibt es keine objektiv ideale Balance zwischen Nähe und Distanz, weil sich die Bedürfnisse in der Beziehung zu den Eltern permanent wandeln: Gegenüber unserem Kleinkind spielten wir unsere Elternrolle selbstverständlich *immer* aus nächster Nähe. Sich auf das Hin und Her des Erwachsenwerdens einzulassen ist eine Herausforderung – denn wer wann wie viel Nähe oder Distanz benötigt, dafür gibt es keine Regel, wie auch dieses Beispiel zeigt:

Der sechzehnjährige Lukas verbringt für sechs Monate einen Sprachaufenthalt in Kanada. Die organisierende Agentur empfahl allen Eltern, nicht öfter als alle zwei Wochen den Kontakt zu ihrem Kind zu suchen. In Zeiten von Helikoptereltern sicherlich ein guter Ratschlag. Meine Freundin Tina – eigentlich eher vom Typ »Loslassen« – stellte sich also mit heftigem Abschiedsschmerz auf eine Zeit sehr sporadischen Kontakts ein.

Aber es kommt ganz anders. Lukas meldet sich von Anfang an fast täglich per WhatsApp oder Skype. Tina ist verunsichert. Das Verhalten ihres Sohnes widerspricht allen Erfahrungen der Agentur. Normalerweise sind es die Eltern, die (zu oft) den Kontakt zum Kind suchen. Sie fragt sich: Soll ich Lukas' Wunsch unterbinden? Ihn drängen, sich zurückzuhalten oder gar nicht reagieren? Wird er Schwierigkeiten bekommen, im neuen Leben »richtig« anzukommen?

Am Ende entscheidet sie sich dafür, ihrem Gefühl zu folgen – statt der Standardempfehlung der Agentur.

Lukas hat das Bedürfnis, seine Erlebnisse zu teilen, also die Nähe zu den Eltern aufrechtzuerhalten, obwohl er seinen Aufenthalt offensichtlich sehr genießt. Tina hat die sehr individuelle Entscheidung getroffen, als Mutter darauf einzugehen. Aus meiner Sicht ist dies der richtige Weg. Denn genau so finden wir unsere perfekte »Entfernung«: mit viel Feingefühl erspüren, wie viel Interesse unserem Jugendlichen gerade angenehm ist, wie viel Vertrautheit er im Moment zulässt und wie viel gemeinsam verbrachte Zeit er oder sie wirklich wertschätzt. Lernen Sie, die Signale zu deuten – auch wenn sie manchmal überraschen!

Im Gespräch bleiben

Leo kommt ins Wohnzimmer und wirft sich aufs Sofa. »Wollen wir noch ein bisschen reden?« Ein seltener Glücksmoment: Mein Sohn hat tatsächlich Lust, einfach zu quatschen – mit seiner Mutter!

Grundsätzlich ist Kommunizieren ja Teenagers liebste Freizeitbeschäftigung. »Ich mach die Playstation aus, aber kann ich noch weiter mit meinen Freunden reden?«, fragt Leo. Und meint damit Skypen bis in die Nacht – Reden ist sogar wichtiger als Zocken! Per WhatsApp steht der Dauerkontakt mit allen Freunden sowieso. Auch ich habe stundenlange Telefonate mit meiner besten Freundin geführt, sobald wir aus der Schule kamen. Die Medien haben sich verändert, das kann man kritisch sehen, weil die direkte persönliche Kommunikation abnimmt. Am Ende befriedigen WhatsApp und Snapchat aber auch nur das Bedürfnis, das Jugendliche schon immer hatten: ununterbrochen in Kontakt zu stehen. Sozialer Austausch ist alles für Teenager. Doch sobald die gleiche Spezies auf Erwachsene trifft, bekommt sie die Zähne nicht auseinander. Ihr vermeintlich unstillbares Mitteilungsbedürfnis erlischt von jetzt auf gleich, sobald die Eltern im Raum sind. Die meisten Pubertätsratgeber siedeln dementsprechend Kommunikation mit Jugendlichen konsequent in der Problemzone an. Wenn wir ihnen Glauben schenken, führen wir mit unseren Kindern ab dem Teenageralter vor allem *Streit*gespräche, und gelungene Kommunikation bedeutet gute Konfliktlösung. Wie traurig! Denn gerade jetzt wird es doch überhaupt erst möglich, sich mit unserem Kind ernsthaft zu unterhalten, und Gespräche sind die Basis jeder guten Beziehung. Warum aber reagieren die meisten Teenager tatsächlich abweisend, zickig oder aggressiv, wenn Eltern vermeintlich *einfach nur* mit ihnen reden wollen?

Auf Sendung: Wir wollen Botschaften loswerden

Der erste große Fehler, den wir alle machen: Es geht in der Kommunikation mit Teenagern vorwiegend um *unsere* Anliegen, Wünsche und Befindlichkeiten.

Je älter unsere Kinder werden, desto mehr wichtige Botschaften gibt es, die Eltern anzubringen haben: »Könntest du bitte ...? Du vergisst doch nicht ...? Hast du schon ...? Du musst noch ...!« Bei uns zu Hause ist es nicht anders. Wenn ich nachmittags aus dem Büro komme, will ich zur Begrüßung unbedingt sofort darüber reden, was ansteht. »Hast du deine Hausaufgaben schon erledigt? Du denkst doch an das Geschenk für Oma? Was könnten wir denn heute Abend essen?« Mein Sendungsbewusstsein für all das, was mir wichtig ist, führt allerdings garantiert zu *nicht gelungener* Kommunikation. Einerseits ist das wirklich kein Wunder, denn ich kümmere mich allein um meine Bedürfnisse – um das, was ich gerne besprechen möchte. Ich ignoriere in diesen Momenten komplett, in welcher Stimmung der Empfänger meiner Botschaften gerade ist, und ob ihn vielleicht etwas Wichtigeres bewegt als das, was noch eingekauft werden muss. Das fällt mir allerdings erst auf, wenn die Tür knallt und Leo für die nächsten Stunden in seinem Zimmer verschwunden ist. Anderseits steckt genau darin die Problematik: Teenager ziehen sich zurück. Die Momente, in denen wir überhaupt die Chance haben, mit ihnen zu sprechen, werden rar. Wenn ich überlege, wie viel Zeit mein Sohn und ich an einem Tag gemeinsam verbringen, komme ich schätzungsweise zu folgendem Ergebnis:

Verabschiedung am Morgen: fünf Minuten
Eintreffen am Nachmittag: drei Minuten
Kurzer nachmittäglicher Austausch: sieben Minuten
Abendessen: zehn Minuten

Das war's! An einem Wochentag, der für mich ungefähr siebzehn wache Stunden hat, sehe ich meinen fünfzehnjährigen Sohn ganze fünfundzwanzig Minuten. Es ist offensichtlich, dass da nicht viel Zeit bleibt, um Dinge zu besprechen, und dass meine zahlreichen Anliegen folglich wie von selbst meinen Mund verlassen, sobald wir aufeinandertreffen. Das Absurde ist, dass es immer die gleichen sind, das Murmeltier grüßt täglich mit den Sätzen: »Hast du etwas gegessen?« und »Was musst du heute für die Schule tun?« Die Antwort? Kommt auch standardisiert: »Mama, merkst du es eigentlich nicht? Du kannst nur über Essen und Schule sprechen, hast du keine anderen Themen?« Der Pfeil trifft ins Schwarze: Solche Gespräche verdienen ihren Namen nicht, so viel ist sicher. Sie sind ein triftiger Grund dafür, dass Teenager Kommunikation mit ihren Eltern grundsätzlich als stressig empfinden – und sie deshalb lieber meiden. Für Eltern scheint es an der Kommunikation mit Teenagern das Wichtigste zu sein, sich wider pubertäre Ablehnung Gehör zu verschaffen. Wenn uns stattdessen aber wirklich daran gelegen ist, die Entwicklungen unseres Kindes zu begleiten und in Beziehung zu bleiben, dann sollten wir doch kommunizieren, um zu erfahren, was unser Kind beschäftigt. Aber Achtung, hier droht Kardinalfehler Nummer zwei:

Wir sind auf Investigationskurs

»Ich interessiere mich doch brennend für ihr Leben! Nur wenn ich nachfrage, zeigt sie mir die kalte Schulter!« Diese unglückliche Situation kennen wir alle: Wir stellen Jugendlichen Fragen und ersticken damit das Gespräch, das wir eigentlich anregen wollen, im Keim.

In der Vorarbeit zu diesem Kapitel entbrannte zwischen meiner Freundin Nina und mir eine heiße Diskussion zum Thema Kommunikation. Als ausgebildeter Coach vertrat sie mit ganzer Überzeugungskraft die Meinung, dass Fragen an das Gegenüber die Basis eines guten Gesprächs sind. Klar, ich musste ihr recht geben: Wie sehr ärgere ich mich regelmäßig über Menschen, die ausschließlich von sich selbst erzählen, ohne ihrerseits auch nur den Funken eines Gegeninteresses zu zeigen. Trotzdem bin ich der Meinung, dass Kommunikation mit Jugendlichen in der Pubertät anders funktioniert – dass gerade Fragen mit Vorsicht zu genießen sind und auch genau das Gegenteil vom erwünschten Effekt bewirken können, nämlich dass sich unser Kind erst recht zurückzieht. Betrachten wir dies etwas genauer anhand einer wiederkehrenden »Gesprächs«-Situation, dem gemeinsamen Abendessen. Mutter und Vater fragen die bekannten Topthemen ab: Schule, Sport, Freundschaften. Je knapper die Antwort, desto schneller kommt die Anschlussfrage. Die Unterhaltung ist keine, eher eine Befragung, vorhersehbar, langweilig, einseitig. Der Teenager verschwindet so schnell wie möglich in seinem Zimmer. Und wir Eltern bleiben ratlos zurück. Warum entsteht dieses Dilemma immer wieder? Wie lässt es sich erklären und vor allem: Wie können wir es ändern?

Teenager empfinden den Großteil der Fragen, die ihre Eltern stellen, nicht als Interessensbekundung, und bei genauerem Hinsehen haben sie recht, denn was bezwecken unsere Fragen?

Die eine Sorte sind die reinen Kontrollfragen, in der Augen eines Teenagers nur nervige Pflichterfüllungschecks (»Hast du schon Vokabeln gelernt?«) und Beweise für fehlendes Vertrauen (»Was hast du auf der Party getrunken?«). Es liegt auf der Hand, warum Jugendliche dieser Fragerei so gut es geht ausweichen. Und die andere Sorte Fragen? Manifestieren unsere unersättliche Neugier: »Wo seid ihr gestern noch hingegangen?«, »Wer war denn dabei?«, »Bist du jetzt eigentlich verliebt in diesen Jungen aus deiner Klasse?« Wie investigative Klatschreporter suchen wir verzweifelt nach Anhaltspunkten, die uns ermöglichen, eine Story zu erahnen über das geheime Leben junger Erwachsener. Die aber fühlen sich bedrängt in ihrer wachsenden Autonomie und schalten auf stur. Sie möchten viele der Momente, für die wir uns so brennend interessieren, für sich behalten. Weil wir ihnen mit unserer intensiven Fragerei einmal mehr dabei in die Quere kommen, sich von uns zu lösen.

Elterliche Fragen sind für Teenager der Inbegriff allen Strebens, sich einzumischen, Richtungen vorzugeben, Erlebnisse zu bewerten, gute Ratschläge loszuwerden und Verbote auszusprechen. Kurz gesagt fürchten Heranwachsende, dass wir Eltern mit unseren Fragen eingreifen in das, was ihr heiliger Neugewinn ist: ihre Privatsphäre! Und tatsächlich müssen wir doch zugeben, dass Fragen unser kläglicher Versuch sind, schwindende Vertrautheit zu erzwingen. So verständlich wie sinnlos. Lieber sollten wir uns öfter mal zurückhalten und lernen, blinde Flecken zu ertragen.

Eine meiner Freundinnen sieht das ganz genauso – nur dass es ihr nicht immer (oder ehrlicher: fast nie) gelingt, ihre Neugier zurückzuhalten. Ihre Kinder haben deshalb ihre eigene Methode erfunden:

Philipp, fünfzehn, und Pia, siebzehn, helfen sich gegenseitig dabei, gewisse Fragen ihrer Mutter Eva in Schach zu halten: Sobald sie einem der beiden beim gemeinsamen Essen eine Frage stellt, die als zu übergriffig, zu neugierig oder einfach unpassend eingestuft wird, gibt das Geschwisterkind ein lautes Alarmsignal von sich und weist damit die Mutter eindeutig in ihre Gesprächsschranken. Dreimal pro Abendessen schaffe sie es leider immer noch, den Alarm auszulösen, gibt Eva ehrlich zu.

Teenager lieben den Austausch

Nicht alle Teenager gehen so spielerisch mit unseren Kommunikationsschwächen um. Die meisten nehmen es ihren Eltern nachhaltig übel, wenn diese sich nicht für ihre Befindlichkeiten interessieren und dauernd nur »unnötige« Fragen stellen. Es ist zum Verzweifeln – wir möchten etwas über unser Kind wissen, stellen Fragen und ernten Ablehnung. Viele Eltern erstarren deshalb in einer Anti-Gesprächs-Routine und schieben die Wortkargheit ihrer Kinder auf die Pubertät, »Naja, so sind Teenager halt.« Aber sie liegen falsch: Der wachsende Geist Jugendlicher liebt es, sich auszutauschen, ja er braucht es sogar für die Entwicklung. Der Gehirnforscher Daniel Siegel geht davon aus, dass die Fähigkeit, über die eigene Position in der Welt nachzudenken, beeinflusst wird davon, worüber und wie viel Heranwachsende reden. Teenager, die sich wenig mit Gleichaltrigen oder Familienmitgliedern austauschen, erlangen demnach weniger Selbstbewusstsein.[57] Jugendliche sind hochkommunikative Wesen, die nicht umsonst den Begriff »Deep Talk« erfunden haben. Damit die Gespräche mit uns Eltern in der Pubertät nicht versiegen, müssen wir wohl *Reden mit Teenagern* üben. Was wir dabei besser vermeiden, darüber habe ich nun ausführlich gesprochen. Wie aber werden wir zu guten und wertgeschätzten Gesprächspartnern?

Für mich steht über allem die Fähigkeit, echtes Interesse aufzubringen. Interesse nicht an Ereignissen, sondern an der Person – an den Gefühlen, Befindlichkeiten und Vorlieben, die den anderen ausmachen. Teenager sind endlich in der Lage, diese Art von Gespräch zu führen – und sie wollen es auch Ja, sie ziehen sich zurück, sie sind mit sich selbst beschäftigt und wollen ihre Welt von der der Eltern abgrenzen und für sich behalten. Aber sie wünschen sich auch die Beachtung ihrer Eltern, ihr echtes Interesse für ihre sich wandelnde Persönlichkeit. Dafür schätzen sie auch Gespräche mit ihren Eltern – aber zu ihren Konditionen: Sie möchten Ratschläge nur, wenn sie danach fragen, Wissen anbringen, statt belehrt zu werden, und eine Meinung loswerden, die auch zählt. Ihre Freunde haben dieselben Bedürfnisse und machen deshalb von Natur aus meist alles richtig im Gespräch. Weil man das von uns Erwachsenen nicht behaupten kann, sollten wir achtsam im Austausch sein. Hier ein paar mögliche Wege zum Erfolg:

GLÜCKSSTRATEGIE

Kommunizieren statt fragen

Aufmerksamkeit schenken

Einerseits jammern wir oft darüber, dass unser Teenager uns nicht mehr genügend Aufmerksamkeit schenkt. Andererseits haben wir oft gerade dann dringende Dinge zu erledigen, wenn unser Kind den Kontakt sucht. »Papa, du hängst doch sowieso immer am iPad«, kritisiert Leo seinen Vater. Zu Recht. Das Problem ist allerdings, dass Teenager ihr Bedürfnis nach Austausch normalerweise nicht mit »Hättest du kurz Zeit für mich?« ausdrücken. Und mit dem Zwischen-den-Zeilen-Lesen ist es so eine Sache im Alltag. Jeder hat seine To-dos und Befindlichkeiten, ist müde vom Job, genervt von einem Kollegen oder sauer auf eine Freundin – im Zweifel also ausreichend mit sich selbst beschäftigt. Aber: Wie ungeplant die Gelegenheiten, bei denen unser Kind ein Gespräch mit uns sucht, auch aufpoppen, wir sollten sie besser ergreifen. »Wir schenken anderen oft nur noch die Aufmerksamkeitsspanne einer WhatsApp-Nachricht.« – Es liegt viel Wahres in der Beobachtung meines Yogalehrers. Wie oft widmen wir uns anderen noch intensiv und ungestört? Wenn wir also den Moment wahrnehmen, in dem unser Kind – in welcher Form auch immer – sein Bedürfnis zu reden signalisiert, sollten wir ihm unsere volle Aufmerksamkeit schenken, ohne beim nächsten Nachrichtenping oder Handyklingeln wieder abgelenkt zu sein. Auch für die coolsten Teenager ist es unglaublich beruhigend zu spüren, dass wir immer noch hundertprozentig für sie da sind, wenn sie es brauchen.

Signale deuten

Mein Bekannter Thomas erzählt von der Begegnung mit der fünfzehnjährigen Tochter Lucy seiner langjährigen Freundin, die ihm, auch wenn er nicht der leibliche Vater ist, sehr nahesteht. An einem warmen Sommertag trägt sie ein ausgeschnittenes Top und die Haare zum Pferdeschwanz gebunden. An ihrem Hals prangt ein Knutschfleck, unübersehbar. Ohne lang nachzudenken, spricht Thomas sie an: »Heeey, Lucy, du hast ja einen Knutschfleck ...!« Es folgt ein Strahlen über das ganze Gesicht. Und eine glückliche Erzählung über das, was sich am Tag zuvor ereignet hat.

Die Geschichte zeigt, wie wichtig es ist, auch auf die nonverbale Kommunikation von Teenagern zu achten. Offen bleiben »mit allen Wahrnehmungskanälen«, so beschreibt es die Entwicklungspsychologin Doris Heueck-Mauß.[58] Thomas hat die Präsentation der jugendlichen Trophäe richtig gedeutet: »Sie hätte doch auch ein Halstuch tragen können oder einfach die Haare offen!« Das wäre dann wohl als »Sprich mich bloß nicht an!« zu deuten gewesen. Hier aber gab es eine symbolische Einladung zur Nachfrage, eine – vielleicht sogar unbewusste – Aufforderung, Interesse zu zeigen.

Solche nonverbalen Signale lesen zu lernen ist ein wichtigstes Hilfsmittel in der Kommunikation mit Teenagern, weil schon die erste, vorsichtige Nachfrage dazu führen kann, dass ein Kind sich genervt in sein Schneckenhaus zurückzieht. *Erst mal beobachten* ist da die bessere Strategie. Gesichtsausdruck, Körperhaltung, Gestik – wer das regelmäßig studiert, lernt Stimmungen zu lesen und bekommt ein intuitives Gefühl für die Bedürfnisse des anderen: Möchte Ihr Kind lieber in Ruhe gelassen werden, oder wünscht es sich ein Gespräch mit Ihnen?

Zuhören, am besten aktiv

Was die meisten Gespräche zwischen Teenagern und Eltern verhindert? Eltern hören oft nicht zu. »Meistens haben wir sofort unsere Meinung zu dem, was unsere Kinder erzählen, wir interpretieren, kommentieren und werten«, bemerkt Doris Heueck-Mauß treffend.[59] So zuzuhören, dass sich das Gegenüber wirklich verstanden fühlt, ist allerdings eine hohe Kunst. Im Rahmen oberflächlicher Alltagskommunikation ist es besonders schwierig – denn nur wer wirklich interessiert ist, kann auch achtsam zuhören. Wir müssen uns darauf einlassen, die Empfindungen unseres Jugendlichen verstehen zu wollen, und eben nicht möglichst schnell unsere eigene Sicht der Dinge ins Spiel bringen.

»Ich höre bald auf mit Fußball, der neue Trainer hat einfach keine Ahnung!«, so begrüßt mich Leo wutschnaubend nach seinem Training. Die Methodik des neuen Coachs zu diskutieren ist hier ebenso wenig gefragt wie meine Meinung (Ich finde ihn eigentlich okay). In solchen Momenten ist es nicht damit getan, die Situation mit den eigenen Erfahrungen zu deuten, zu bewerten und zu lösen, denn es geht ja gerade darum, dem Kind zu signalisieren, dass man *seine* Gefühle verstehen möchte. Als Türöffner für solche Gespräche, eignet sich das *Aktive Zuhören*.[60] Mit dieser Kommunikationstechnik geben wir Teenagern zu verstehen, ganz bei ihnen zu sein, offen für ihre Sicht der Dinge – einfach indem wir die Gefühle in Worte fassen, die wir wahrnehmen. Im Beispiel könnte das so aussehen:

>»Das Training hat dich heute ziemlich wütend gemacht, das tut mir leid!«
>
>»Ja, der Typ lässt mich links hinten spielen. Da bin ich total schlecht.«
>
>»Und du machst dir jetzt Sorgen, dass er dich insgesamt schlecht findet?«
>
>»Ja, wenn ich an meinem Stammplatz gespielt hätte, hätte ich heute nicht so verkackt!«
>
>»Ich verstehe, dass dich das total frustriert!«
>
>»Es macht einfach keinen Spaß da hinten. So ein hobbyloser Penner!«
>
>»Deshalb bist du traurig – weil du das Training doch eigentlich liebst.«
>
>»Ja, und vielleicht sag ich ihm einfach nächstes Mal, dass ich vorne besser bin.«
>
>»Gute Idee!«

So oder so ähnlich versuche ich, Leos Gefühle in Worte zu fassen und damit gleichzeitig mein Verständnis auszudrücken. Und er bemerkt das! So zuzuhören kann sehr viel bewirken – vor allem, wenn der Gesprächspartner, ganz Teenager, selten von sich aus redet. Mit aktivem Zuhören gelingt es nicht nur, an die emotionalen Botschaften unter der Oberfläche kaltschnäuziger Jugendlicher heranzukommen, sondern wir stärken auch gleichzeitig ihr Vertrauen in uns (»Der/die versteht mich wirklich!«).

Erzählen

Als Leo vier Jahre alt war, bekam ich während eines Vortrags darüber, wie man Kinder vor den Übergriffen Fremder schützt, einen Tipp von einer Polizistin, der mich seitdem begleitet. Ihr Rat: »Bleiben Sie mit ihrem Kind im Gespräch. Wie Sie das machen? Erzählen Sie von sich!« Über die Jahre ist dies zum Schlüssel der Kommunikation mit meinem Kind geworden. Und je älter Leo wird, desto bewusster reflektiere ich, wie viel es bewirken kann, zu erzählen, statt zu fragen. Ich plaudere über meinen Tag. Über das, was gut läuft, was anstrengend ist oder worüber ich mir Gedanken mache. Ich rede einfach drauflos, ohne Agenda, von »Heute hat wirklich jeder genervt im Büro!« bis »Schau mal, die neue Jeans, die ich mir bestellt habe.« Wenn wir banal daherquatschen, befreit das unser Kind von den großen Erwartungen, die Gespräche mit Eltern so anstrengend machen, von der Pflicht, Interessantes zu berichten, sich zu erklären, sich zu rechtfertigen. Wenn ich rede, lasse ich Leo damit in gewisser Weise in Ruhe. Und manchmal erlebe ich dann sogar, dass Leo zwischen meinen Belanglosigkeiten unvermittelt in einen Wortschwall gerät und mir seinerseits tief vertrauliche Dinge erzählt, ohne dass ich auch nur eine einzige Frage gestellt habe!

Bei allem Small Talk, auch Erzählen mit Inhalt ist wichtig. Wenn wir viel über uns selbst mitteilen, bewirken wir nämlich, dass die Beziehung zu unserem Kind Tiefe und damit »erwachsene« Qualität bekommt. Jugendliche sind in der Lage, ihre Eltern als differenzierte Persönlichkeiten wahrzunehmen, das heißt nichts anderes, als dass auch sie Interesse daran haben, uns wirklich gut kennenzulernen. Wenn wir zeigen, wer wir sind, was uns freut, was uns ärgert, und auch nicht zögern, unsere Schwächen zu thematisieren – wenn wir also Vertrauliches erzählen, zeigen wir auch in der Kommunikation, dass wir unserem Kind vertrauen. Wir bewirken Vertrautheit trotz der Introvertiertheit unserer Kinder.

Skalenfragen

Neugierige Eltern sind das Schlimmste. Das hatten wir schon. Aber: Wer das weiß und akzeptiert, kann damit durchaus spielen. Ausnahmsweise. Denn hey, nobody is perfect, am wenigsten Mütter. Wenn uns also wieder einmal eine Frage unter den Nägeln brennt und wir schon die letzten zehn heruntergeschluckt haben, könnten wir einen vorsichtigen Vorstoß wagen und unseren Wissensdrang in Worte fassen: »Sorry, ich muss dich das jetzt einfach fragen ...« Manche Teenager zeigen dann Erbarmen. Es gibt übrigens eine Art von Fragen, die Teenager manchmal sogar gerne beantworten, sogenannte *Skalenfragen*. Fragen »auf einer Skala von null bis zehn« werden gerne im Coaching eingesetzt, weil es mit ihnen möglich ist, über Emotionen zu sprechen, ohne diese genauer definieren zu müssen. Meine Freundin Nina, die als Coach arbeitet, machte die Erfahrung, dass Teenager es trotz aller Abneigung gegen Fragen durchaus spaßig finden, sich darauf einzulassen:

Nina spielt Tischtennis mit ihrem Sohn Jonas und schlägt ihm eine nicht uneigennützige Partie vor: Wer zuerst fünf Punkte in Reihe macht, darf sich etwas wünschen. Jonas: »Pizza zum Abendessen.« Sie: »Eine ehrliche Antwort auf eine Frage zum Thema Mädchen.« Deal. Das Ergebnis: Drei Pizzen muss die Mutter für die nächste Woche zusagen, bevor auch sie es schafft, die ersehnten fünf Punkte zu machen. Und dann stellt sie ihre Frage: »Auf einer Skala von eins bis zehn, wie verliebt bist du in ein Mädchen?« Die Antwort: »vier bis fünf.« Na ja, ob das drei Pizzen wert war? Aber viel wichtiger: Mit einem Mal kommen sie ins Reden. Über das Verliebtsein und den aus Jonas' Sicht missbräuchlichen Umgang mit dem Begriff *Liebe*.

Skalenfragen sind nicht nur spielerisch, sie wahren auch eine gewisse Distanz: Wir erfragen damit nur so viel an Information, wie es einem Teenager gerade noch angenehm ist, und dieser kann selbst steuern, was er darüber hinaus erzählen möchte.

Expertenthemen

Bei uns zu Hause haben wir häufig folgende Situation beim Abendessen, die ganz schön viel Feingefühl erfordert: Leo isst in stummer Anwesenheit und mit eindeutiger Lass-mich-in-Ruhe-Ausstrahlung. Doch wenn mein Mann und ich darauf eingehen und uns bewusst nur miteinander unterhalten, kann es durchaus passieren, dass Leo beleidigt reagiert und uns vorwirft, »immer« nur über Dinge zu sprechen, die ihn nicht interessieren.

Schwierig! Aber es ist die Mühe wert, genauer hinzuschauen. Teenager können engagierte Gesprächspartner
sein, wenn man die richtigen Themen wählt. Denn: Fach-
simpeln ist genau ihr Ding, und sie blühen regelrecht auf,
wenn sie nach ihrer Meinung zu einem vermeintlich *erwachsenen* Problem gefragt werden.

Ein gemeinsames Thema mit einem Teenager zu haben, ist *die* Chance für gegenseitigen Austausch – und
gleichzeitig eine Kunst. Der Klassiker zwischen Vater und
Sohn ist natürlich das Thema Fußball. Musik oder Mode
funktionieren aber genauso gut:

> Leo kommt von einem Schüleraustausch in Eng-
> land zurück. Das abschließende Highlight: ein Tag
> in London. Dort ist es Leo gelungen, das Sweatshirt
> eines heiß begehrten, streng limitierten Skater-
> labels zu kaufen. Von seinem Besuch in dem kleinen
> Insider-Fashion-Store erzählt er mir mit leuchten-
> den Augen und in jedem Detail. Die coole Tüte ist
> ein Geschenk für mich. Und ich bin glücklich, dass
> »Style« *unser* Thema ist, und er deshalb nicht nur
> meine Meinung zu seinen Outfits schätzt, sondern
> auch Spaß daran hat, seine Mutter über die ihr
> nicht allzu vertraute Skatermode aufzuklären.

Ein anderes Beispiel zeigt, dass auch Themen funktionieren, bei denen der Elternteil kein Spezialist ist:

> Ich gebe offen zu, keine Ahnung vom Basketball zu
> haben, finde den Sport, der Leos große Leidenschaft
> ist, aber ziemlich cool. Und ich zeige mein Inter-
> esse, indem ich Leo regelmäßig darum bitte, seine

Begeisterung mit mir zu teilen: mir vom letzten Schulturnier zu berichten, seine neuesten »Moves« am Basketballkorb vor dem Haus zu zeigen, und mir seine Favoriten der NBA in YouTube-Videos vorzustellen. Und er scheint es zu genießen, hier Experte zu sein, denn er sucht regelmäßig den Austausch mit mir.

Keine Erwartungen

All die genannten Möglichkeiten *können* zu regen Gesprächen führen – sie müssen es aber nicht. Deshalb meine ebenso wichtige Empfehlung: Haben Sie keine Erwartungen! Um bei einem der Beispiele zu bleiben: Manchmal, wenn ich richtig Lust auf Basketball-News hätte, lässt Leo mich abblitzen. Dann eben ein andermal wieder. Auch das macht eine gute erwachsene Beziehung aus. Denn wer möchte nicht manchmal nach einem anstrengenden Schul- oder Arbeitstag einfach seine Ruhe haben? Wenn mein Sohn heute seinen Schweigetag hat, dann genieße ich auch gerne gemeinsam mit ihm die Stille. Keine beleidigte Du-willst-ja-sowieso-nie-mit-mir-sprechen-, sondern eine Wir-sind-gerne-zusammen-auch-ohne-zu-reden-Stille. Sie gibt Teenagern Raum für das schon geschilderte große Bedürfnis nach Ruhe und schafft trotzdem ein Gefühl tiefer Verbundenheit.

Streiten mit Sinn

Wir können mit unserem Kind noch so gut im Gespräch sein – gegen die dunkle Seite der Macht Pubertät haben wir keine Chance: Sobald bei einem Teenager schlechte Laune aufzieht, werden pubertäre Verhaltensklischees Realität, und angesichts so viel schlechter Energie im Haus können wir uns manchmal nicht mehr vorstellen, wie wir jemals (wieder) eine freundschaftlich-vertrauensvolle Beziehung zu der oder dem Heranwachsenden finden sollen. Auch Kleinkinder haben ihre anstrengenden Phasen. Die Vierjährige, die sich im Drogeriemarkt brüllend auf den Boden wirft, weil sie jetzt auf der Stelle diesen rosa Haargummi haben will, ist auch nicht ohne. Nur werden wir als Eltern zusätzlich noch persönlich infrage gestellt und angegriffen – in heftigen Kämpfen mit sehr unterschiedlichen Waffen: Teenager ziehen alles aus dem Köcher, was wehtut, und sie stechen zu ohne Rücksicht auf Logik und Verluste. Wir Eltern versuchen, uns elegant durchzufechten, wenn möglich auszuweichen und edle Paraden ohne Verletzungen hinzulegen. Immer wieder müssen wir uns dann eingestehen, dass ein so ungleicher Kampf nicht zu gewinnen ist. Oder doch? Vielleicht geht es auch gar nicht ums Gewinnen? Es lohnt sich, ein bisschen genauer hinzuschauen:

Wofür ist Streit überhaupt?

Alles ist richtig beschissen heute, morgen und wahrscheinlich auch übermorgen: »Essen? O Mann, ich habe echt keinen Bock mehr auf dein schlecht gekochtes Grünzeug.« – »Training? Null Lust! Die Lappen in dieser Mannschaft reißen doch eh nix.« – »Verabreden? Was geht dich das an!«

Wir kennen sie alle, die vielen Tage, an denen die ganze Welt eines Teenagers rabenschwarz ist. Sollten wir es wagen, in dieser Zeit irgendetwas zu erwarten – »Hast du eigentlich ...?« – Bäm! Die Explosion war vorprogrammiert, selbst schuld! Aber auch, wenn wir die Samthandschuhe überziehen und rücksichtsvoll versuchen, schlechte Stimmung zu besänftigen, wird es kaum besser, denn miese Teenagerlaune kommt meist angriffslustig daher. Jugendliche finden einen Grund zu streiten, wenn sie wollen – und sie wollen ziemlich oft. Sie sind Weltmeister der Provokation, ihre Lust am Sticheln kennt keine Grenzen und ihre arrogante Ironie muss einen auf die Palme bringen. Ein Horror, diese Tage, an denen Leo beschließt, sich wie ein Vierjähriger zu benehmen, und jede, wirklich jede Bitte zu verneinen. »Nö. Nö. Nö. Safe not.« Ein Teenager auf Egotrip, der sich komplett verweigert. Wenn er mich so weit hat, dass ich ausraste und mit Konsequenzen drohe, kommt von ihm: »Mama, du bist so lächerlich.«

Die negativen Tiraden eines Heranwachsenden machen mürbe und mit der Zeit zunehmend unsicher: »Reagiere ich zu heftig, zu streng, zu weich, zu nachsichtig, zu inkonsequent?« – der immerwährende, verzweifelte innere Dialog einer Mutter. Weil die Streitereien so unausweichlich klischeegerecht daherkommen, habe ich irgendwann angefangen, mir Gedanken zu machen, aus welchem Grund Teenager so viel Streitenergie gegen uns aufbringen und – noch wichtiger – welche sinnvollen Aufgaben wir Eltern im Umgang damit entdecken könnten.

Widerstand gegen die Eltern ist einerseits Teil der Identitätsbildung. Im Kapitel über die Suche nach dem Selbst ging es ausführlich darum, wie Jugendliche sich abgrenzen, indem sie kundtun, was sie nicht sein wollen. Erwachsen zu werden heißt, mit Meinungen, Grenzen und Werten zu experimentieren, neugierig auf die Reaktion zu warten und sich womöglich über eine Explosion zu freuen. All ihr lautstarkes, provokatives und extremes Verhalten hilft Heranwachsenden dabei, sich selbst und ihren Platz in der Welt zu finden. Jugendliche brauchen uns als ihren Spiegel, und die Auseinandersetzungen mit uns dienen als Verortungssystem für ihr selbstständiges Leben.

Wenn aus Dr. Leo Jekyll wieder Mr. Hyde wird, hat das andererseits nicht immer eine konkrete Ursache. Leos Laune kippt manchmal einfach so über Nacht. Ich nenne das *das große Dunkel der Pubertät*: offensichtlich entwicklungsbedingte, schubartig auftretende Selbstzweifel, Traurigkeit und Unsicherheiten, die sich tagelang in Aggression der Umwelt gegenüber entladen. Mit dieser zweiten Sorte von Stimmungsschwankungen haben wir Eltern nicht direkt etwas zu tun. Wir sind nur gerade da, wenn der Frust rausmuss. Als idealer Boxsack sozusagen.

Und dann gibt es eine dritte Art von Konfliktursachen – die quasi *alterslos* ist:

Meine Bekannte Katrin erzählt mir, dass der fünfjährige Jonathan das Smartphone seines Vaters Jan gegen die Wand geschmettert hat. Die Eltern waren entsetzt über so viel wütende Energie, aber Sonja gesteht mir: »Wenn ich ehrlich bin, hat er nur gemacht, was ich manchmal auch gerne tun würde.«
Leos Vater ist wie Jan beruflich selbstständig – Grund

genug für beide Väter, auch am Wochenende die Kommunikation auf dem Smartphone über alles andere zu stellen. Auch Leo, zehn Jahre älter als Jonathan, zeigt seinem Vater, wie sehr ihn dessen ständige digitale Abgelenktheit kränkt – auf andere Weise: Er hielt das Handy seines Vaters für einen Samstag lang versteckt. Der war außer sich über so viel Unverständnis für seine Verpflichtungen und hielt Leos Provokation für eine »Unverschämtheit, die wirklich zu weit geht«.

Provozierendes Verhalten wie im Beispiel kann uns zeigen, dass wir unserem Teenager mehr Aufmerksamkeit schenken sollten. Offensichtlich fehlt ihm im Moment etwas, und er fühlt sich nicht ausreichend wahrgenommen. Dieses Thema birgt auch bei Heranwachsenden noch ein großes Konfliktpotenzial.

Warum hilft es uns, wenn wir zumindest versuchen, den tieferen Grund hinter einer Auseinandersetzung zu erkennen? Statt blind zu kämpfen, ohne zu wissen wogegen eigentlich, gelingt es uns besser, besonnen zu reagieren:

Im Fall identitätsbedingter Angriffe suchen Jugendliche bewusst die Reibung mit uns, und die sollten wir ihnen in einer Diskussion auf Augenhöhe auch ermöglichen. Wenn wir dagegen nur Blitzableiter sind, ist es besser, den Sturm gelassen vorbeiziehen zu lassen. Und in vielen Fällen jugendlicher Provokation sollten wir auf unser Verhalten schauen und uns fragen, ob wir eigentlich wissen, was unseren Teenager im Moment bewegt, und ob wir präsent für ihn sind.

Unabhängig von der Ursache ist jeder Konflikt mit einem Jugendlichen auch ein Lernbeispiel: Unser Verhalten im Streit beeinflusst nicht nur unsere Beziehung, es wirkt sich auch auf die Konfliktkompetenz des Teenagers aus – im Idealfall fördernd.

Teenager lernen von uns, wie sie streiten

»Du bist so ein Arschloch!!!« Fast täglich erleben wir am eigenen Leib, dass Jugendliche beim Streiten noch so einiges zu lernen haben. Würden mein Mann oder eine Freundin so mit mir sprechen, wäre es das gewesen mit der Freundschaft. Teenager kennen keine höfliche Zurückhaltung. Sie feuern harsche Kritik aus dem Nichts, beschuldigen, verallgemeinern und verletzen. Sie konfrontieren uns ohne Gnade mit unseren Fehlern, sind auf ihren Vorteil bedacht, und sie sind blutige Anfänger im empathischen Verhalten. Und wir Eltern? Wollen uns verteidigen, zurückschießen, gewinnen? Ehrlich gesagt, wenn ich tatsächlich »zurückschlage«, fühle ich mich regelmäßig richtig schlecht. Weil ich sofort spüre, dass Leo und ich uns – entgegen allem Anschein – noch sehr unterscheiden in puncto dickes Fell. Teenager brauchen immer noch Welpenschutz. Aber viel wichtiger: Sie lernen von uns, wie man »richtig« streitet. Also sollten wir ihnen vorleben, dass ein Konflikt kein Schlachtfeld sein muss.

Ich möchte in Anlehnung an Marshall B. Rosenberg und sein Prinzip der *gewaltfreien Kommunikation*[61] zeigen, wie wir auch im Konflikt mit unserem Teenager Gesprächs*partner* bleiben und nicht zu Gegnern werden: Rosenberg geht davon aus, dass sich Menschen im Streit darauf konzentrieren, was der andere falsch macht. Es geht uns dabei vor allem um die eigenen Befindlichkeiten. Der andere wird beschuldigt, man selbst verteidigt. Jeder kämpft für sich, die Beziehung wird belastet – aber in der Sache kommt man nicht weiter.

Schauen wir uns ein Beispiel an:

Nina bringt ihren Sohn Jonas zum Kieferorthopäden – sie soll ausnahmsweise mitkommen, weil es um den weiteren Verlauf der Behandlung geht. Damit ihr Sohn es bequem hat, setzt sie Jonas vor der Tür ab und sucht einen Parkplatz. Als sie ins Wartezimmer kommt, ist es brechend voll. Ihr Sohn hat offensichtlich den letzten Platz ergattert. Er sieht sie und sagt nur: »Ach, du auch noch, jetzt wirds noch voller.« Er sitzt, sie steht – und es ist ihr zu peinlich, das vor den anderen Patienten zu kommentieren. Aber je länger sie warten müssen, desto wütender wird sie. Als sie die Praxis schließlich verlassen, kann sie ihrem Ärger endlich Luft machen: »Geht's eigentlich noch bei dir? Ich spiel das Taxi für dich, und du kommst nicht mal auf die Idee, mir den Platz anzubieten? Am liebsten würde ich dich nach Hause laufen lassen!«

Jonas reagiert genervt: »Boah, dass du immer nur stressen musst, bist doch noch keine achtzig. Und ich lauf sowieso lieber nach Hause, als mir deinen Frust anzuhören!« Und weg ist er.

Eine typische Situation: Wir erwarten ein gewisses Maß an Höflichkeit und werden enttäuscht – Ninas Reaktion ist verständlich, sie will sich Luft machen und ihren Sohn wissen lassen, wie unmöglich sie sein Verhalten findet. Bleibt die Frage, was sie damit erreicht. Missbilligung und schlechte Laune – Einsicht sicher nicht. Jonas fühlt sich angegriffen und geht in Verteidigungshaltung. Aus der Situation lernt er nur, seiner nörgelnden Mutter lieber aus dem Weg zu gehen.

Rosenberg geht davon aus, dass es Menschen schwerfällt, ihre eigenen Gefühle und Wünsche zu äußern. Andere zu beschimpfen ist da viel einfacher. Sein Kommunikationskonzept ist *gewaltfrei*, weil auf Bewertungen, Beschuldigungen und Angriffe verzichtet wird. Stattdessen wird die Aufmerksamkeit in Streitsituationen auf Gefühle und Bedürfnisse gerichtet.[62] Konkret heißt das:

– Die Situation neutral beobachten, statt den anderen zu bewerten.
– Unsere Gefühle und Wünsche wahrnehmen, statt uns über die Fehler des anderen aufzuregen.
– Eine persönliche Bitte formulieren, statt den anderen zu beschuldigen.

Die eigenen Gefühle benennen und dabei den anderen nicht kritisieren – ist das überhaupt möglich? Ja, indem wir über das Verhalten sprechen, das wir uns vom anderen wünschen, ohne die Person dabei für ihr aktuelles Verhalten anzugreifen. Was heißt das im Beispiel?

Nina kann bewundernswert *gewaltfrei kommunizieren*, deshalb verlief die Geschichte in Wirklichkeit so:

Im Wartezimmer *stehend* und auch noch während Jonas' Behandlung spürt Nina, wie wütend sie ist. Später auf dem Parkplatz sagt sie zu ihrem Sohn: »Ich bin ziemlich sauer. Ich hätte mir gewünscht, dass du mir den Sitzplatz anbietest.« Noch bevor sie den Satz zu Ende gesprochen hat, unterbricht Jonas sie beschämt grinsend: »Ja, ich weiß schon, das war nicht so nett. Das ging aber nicht gegen dich, ich war nur so kaputt und genervt. Tut mir leid.« Nina freut sich über die Einsicht ihres Sohnes, und ihr Ärger verfliegt.

Wir können Teenager nicht in ihrer Natur ändern – es wird bestimmt noch öfter passieren, dass Jonas' Höflichkeit zu wünschen übriglässt. Trotzdem kommen wir weiter, wenn wir unser Kind immer wieder auf unsere Bedürfnisse hinweisen – neutral, also ohne die obligatorische Beschuldigung, dass es diese ignoriert. Und erst recht, ohne zu betonen, *wie oft* es dies tut. Dabei geht es nicht darum, die eigenen Bedürfnisse herunterzuschlucken, um unser Kind ja nicht zu kritisieren. Im Gegenteil: Es ist wichtig, Teenager auf die Bedürfnisse anderer aufmerksam zu machen. Daraus können sie lernen –, ohne von der Wut auf die »blöden Eltern« abgelenkt zu sein.

Argumentieren statt explodieren

Teenager können in Konflikten noch mehr von uns lernen:

»Ich würde gerne deine Chloé-Tasche heute Abend auf die Party mitnehmen. Du hast doch nichts dagegen, du bleibst ja eh zu Hause!«, fragt Marie ihre Mutter. Der stockt der Atem über die Forderung: »Spinnst du? Wenn du eine wertvolle Tasche haben möchtest, verdien erst mal selbst Geld, und überhaupt braucht eine Sechzehnjährige so etwas nicht!«

Manche Wünsche unserer Kinder sind ziemlich dreist. Dementsprechend ungehalten begegnen wir ihnen. Und Teenager reagieren auch nicht immer besonnen, wenn ihre Vorstellungen bei uns nicht sofort Gehör finden:

Leo hat plötzlich die Idee, den großen Fernseher aus dem Keller in sein Zimmer zu stellen. Auf mein »Nein, das halte ich für keine gute Idee«, rastet er aus: »Nie gönnst du mir etwas, warum hab ich so Pech gehabt mit so einer strengen Mutter?!«

So unverständlich manche Wünsche für Eltern auch sind, wir sollten Jugendliche trotzdem ermutigen, sie zu äußern, um sie zwei wichtige Erfahrungen machen zu lassen. Erstens: Es ist im Leben immer in Ordnung, sich etwas zu erträumen – aber auch normal, dass nicht alle Wünsche in Erfüllung gehen. Und zweitens: Wir sind dann bereit, Wünsche ernst zu nehmen, wenn für sie gekämpft wird – mit guten Argumenten, nicht mit frustrierten Beschimpfungen. Gegenseitiges Interesse und das oben geschilderte Zuhören kann aus Eltern und Teenagern auch in größten Konflikten Verhandlungs*partner* machen. Und in dieser Rolle gibt es für beide Seiten viel zu lernen. Für Teenager? Nicht beim geringsten Widerstand wieder auf Beschimpfung zu schalten. Und für Eltern? Zu akzeptieren, wenn man von blitzgescheiten Argumenten überzeugt wird, und die Größe zu haben, den eigenen Standpunkt zu ändern.

Harmonie wird nicht überbewertet

Streiten ist ein Hauptthema vieler Pubertätsratgeber. Es wird darin immer wieder hervorgehoben, wie wichtig Auseinandersetzungen zwischen Eltern und Teenagern sind. Das ist natürlich richtig. Aus meiner Sicht wird dabei trotzdem ein Aspekt vernachlässigt: Ich möchte eine Bresche schlagen für Familienfrieden! Ich meine damit keine Pseudoharmonie, in der einige Familienmitglieder um des lieben Friedens willen darauf verzichten, ihre Meinungen und Bedürfnisse zu äußern. Ich bin auch nicht der Ansicht, dass Harmonie nur dann entsteht, wenn alle die gleiche Meinung haben. Nein, Konflikte sind so wichtig wie Meinungsvielfalt, und es ist schön, heiß zu diskutieren – aber, es schadet auch nicht, revoltierenden Teenagern ein bisschen pazifistisch zu begegnen. Dafür muss man keine Räucherstäbchen anzünden. »Willst du lieber recht haben oder glücklich sein?« fragt Marshall B. Rosenberg.[63] Wer in diesem Sinne Harmonie als glückliche Bestlösung im Hinterkopf hat, kann auf andere zugehen, sich fremden Ansichten öffnen und auch einfach mal nachgeben, ohne sich als Verlierer zu fühlen. »Ich verstehe dich, lass uns doch mal überlegen, wie wir das hinkriegen können.« Solche (An)Sätze sind auf dem Schulhof eher nicht gefragt – deshalb können nur wir Eltern unserem Kind den Wert dieser Haltung vermitteln. Lauthals zu streiten bedeutet oft, den anderen nur übertönen zu wollen. Teenager sind da ganz weit vorne dabei, weil streiten einfacher ist, als aufeinander zuzugehen. Andere zu beschuldigen muss man nicht lernen, die eigene Position zu hinterfragen dagegen schon. Es ist an uns, Jugendlichen zu zeigen, dass es die Mühe wert sein kann, einen Kompromiss zu finden, und dass *Versöhnen* der Teil am Konflikt ist, der glücklich macht!

GLÜCKSSTRATEGIE

Das Prinzip Versöhnung

Den Moment vorüberziehen lassen

»Kämpf nicht die Schlacht deines Teenagers!«, rät der amerikanische Psychologe Kevin Lehmann.[64] Was er damit meint: Wir können nicht ändern, dass ein Teenager wütend ist, aber entscheiden, ob wir auf den streitlustigen Angriff einsteigen oder lieber den *gelassenen Erwachsenen* geben bis der kritische Moment vorübergegangen ist. Leichter vorgenommen als umgesetzt!

Was hilft? Das berühmte Bis-zehn-zählen, mit Teenagern vielleicht lieber bis fünfzig. An was Schönes denken. Innerlich lächeln wie der kitschige Buddha beim Thai-Imbiss. Sich einreden: »Er/sie meint es nicht so meint es nicht so meint es nicht so ...« Es gibt viele Möglichkeiten, sich selbst davon abzuhalten zu explodieren!

Außerdem kann es sinnvoll sein, ein gemeinsames Zeichen zu vereinbaren, das sowohl Kinder als auch Eltern setzen können, wenn die Stimmung zu kippen droht:

> Leonie und ihre Mutter streiten täglich. Die Auseinandersetzungen werden immer schlimmer. Leonie kann ihre Emotionen in manchen Momenten nicht mehr kontrollieren, plötzlich rastet sie aus, schreit und schlägt um sich. Mithilfe eines psychologischen Beraters finden die beiden heraus,

was dahintersteckt, und entwickeln eine Lösung: »Wir kommen immer an diesen kritischen Punkt. Wenn meine Mutter mich dann noch weiter provoziert, will ich manchmal nur noch zuschlagen«, erkennt Leonie. Ihre Mutter ist erschüttert. Sie war sich dessen nicht bewusst. Gemeinsam überlegen sie, dass Leonie zukünftig ein Zeichen setzen soll. Sobald sie spürt, dass sie die Kontrolle über ihre Gefühle verliert, sagt sie laut »Stopp« und hebt abwehrend die Hand. Das bedeutet für Mutter und Tochter: Sofort aufhören und in verschiedene Räume gehen.

Es funktioniert tatsächlich, Leonie schafft es, ihre Gefühle aufmerksam zu beobachten, und ihre Mutter akzeptiert das vereinbarte Signal augenblicklich. Beide sind zufrieden mit ihrer neuen, persönlichen Streitkultur.

Pick your battles – konzentriere dich auf das Wesentliche!

»Weltuntergang«, kommentiert mein Sohn augenrollend meine Zurechtweisungen. Der spöttische Spruch, der mich früher auf die Palme gebracht hat, ist inzwischen zu meinem Gradmesser geworden: Ist es wirklich so schlimm, wenn Klamotten auf dem Boden liegen? Ist es entscheidend, dass der Tisch *jetzt sofort* abgeräumt wird? Ja, es spricht etwas dafür, ich möchte, dass Leo sich angewöhnt zu Hause seinen Beitrag zu leisten, und außerdem: Wie sollen Teenager lernen, Ordnung zu halten, wenn wir sie nicht dazu anhalten? Andererseits wissen sie in vielen Fällen sehr genau, was zu tun *wäre*:

»Könntest du bitte etwas gesitteter essen, Leo!«
»Ey, Mama, chill, ich kann das. Wenn ich wo-
anders bin, mach ich das automatisch, keine Sorge.
Aber hier zu Hause? Da muss ich mir den Stress
doch echt nicht antun!«

»Eine sehr eigene Logik! Aber, na gut«, denke ich, »ein Fünfzehnjähriger kann sich selbst um seine Tischmanieren kümmern!« Teenagerfaulheit ist supernervig, aber keine Rebellion. Leo trägt lieber wochenlang die gleiche, einzige noch passende Jeans, als in die Stadt zu fahren und sich neue zu kaufen. Und er isst die Brezen lieber trocken, als sich in die Küche zu begeben und Butter draufzuschmieren. Alles »viel zu viel Stress«. Geht die Welt unter von zu kleinen Hosen? Wahrscheinlich eher nicht.

Auch ständiges Gemeckere der Eltern wird bei Teenagern schnell zum Hintergrundrauschen, das sie ausblenden. Wie sollen die wirklich wesentlichen Botschaften da durchdringen? Es hat also Sinn zu selektieren – sich bewusst zu werden, welche der vielen Themen so wichtig sind, dass es sich lohnt, dafür zu streiten! Für mich ist guter Schlaf so ein Thema. Keine Geräte im Zimmer und mindestens eine Stunde »Blaulichtpause« vor dem Einschlafen. Um das durchzusetzen, kämpfe ich mich durch viele Diskussionen. Dafür habe ich mich bei anderen Reizthemen zurückgezogen.

Es tut mir leid!

Teenager machen Fehler. Sie hintergehen uns und brechen Versprechen. Das tut weh und macht uns misstrauisch. Aber sind wir so viel besser? Ich habe schon unentdeckt in Leos Schulranzen rumgeschnüffelt und kenne viele Mütter, die regelmäßig die Nachrichten auf den Smartphones ihrer Kinder lesen. Wo fängt der Vertrauensbruch an? Menschen verletzen einander, mal harmlos, mal nachhaltig. Wenn wir streiten, ist uns meist am allerwichtigsten festzustellen, wer schuld ist an der Sache. Aber geht es uns besser, wenn das geklärt ist? Für eine positive Grundstimmung zu Hause sind Entschuldigen und Vergeben unumgänglich.

Eltern, die ihre Fehler gelassen zugeben, nehmen ihren Kindern dieses ungute Gefühl, dass der pubertierende Teenager an allem schuld ist. Und irgendwann – nachdem wir eine ganze Weile großzügig in Vorleistung gegangen sind – fangen auch Jugendliche an, sich ohne großes Tamtam zu entschuldigen. Dann nämlich, wenn auch sie aus Erfahrung verinnerlicht haben, dass es in Beziehungen ums miteinander Glücklichsein geht und nicht ums Rechthaben.

Achtung, Beobachter!

Interessant: Auch kampflustige Teenager reagieren nicht weniger sensibel als kleine Kinder, wenn ihre Eltern sich streiten. Ihr Wunsch nach friedlichem Zusammenleben der Eltern wird überdeutlich, wenn sie sich lautstark in Konflikte einschalten – sei es als Schlichter, sei es heftig Partei ergreifend. (Und meist ist was dran an ihrer Einschätzung!) Deshalb sollten wir an den Beobachter denken, wenn es in der Partnerschaft mal zur Sache geht. Zum Erwachsenwerden gehört zu wissen, dass auch in Liebesbeziehungen nicht immer nur gute Zeiten herrschen. In der Beobachterrolle, so schmerzhaft sie sein kann, können Teenager lernen, dass Konflikte zu jeder Beziehung gehören. Schön aber, wenn sie miterleben dürfen, wie auch ihre Eltern sich in gewaltfreier Kommunikation üben und Streit mit Wertschätzung für den anderen aus der Welt schaffen.

Respekt!

Eine gute Beziehung wird immer tiefer durch gute Gespräche und stabiler, wenn man den gewaltfreien Dreh beim Streiten raushat. Noch wichtiger ist es aber, dem anderen öfter mal zu zeigen, wofür wir ihn von Herzen mögen, ja vielleicht sogar bewundern. Aber sagen wir unseren Kindern auch, wenn sie in die Pubertät kommen, noch regelmäßig, wie toll wir sie finden? Hmm. Auf jeden Fall nicht im gleichen Maße, wie wir über sie jammern, meckern, lamentieren. Und vielleicht trägt auch das dazu bei, dass wir uns voneinander entfernen in dieser Zeit.

In diesem Sinne möchte ich alle Teenagereltern in diesem Kapitel noch einmal anregen, ihren Blickwinkel zu verändern. Vieles von dem, was wir an der Pubertät unerträglich finden, hat zwei Seiten und kann – aus einer anderen Perspektive betrachtet – plötzlich wunderbar und liebenswert erscheinen:

Risikofreudige Chaoten oder die Magie der Weltveränderer

»Das hatte ich dir noch nicht erzählt, Mama«, wir sitzen beim Packen für einen mehrtägigen Schulausflug, und Leo erinnert sich an die letzte Klassenfahrt, das »Wanderlager«: »Paul und ich sind in einer Nacht um zwölf rausgeschlichen und noch mal auf den Gipfel gestiegen. Das war Wahnsinn so im Dunkeln. Ich liebe das an Paul, mit ihm kann man Sachen machen, die richtig Adrenalin kicken!«

Wie in aller Welt kommt man auf so eine Idee? Leo bemerkt mein Entsetzen: »Hey, wir hatten Taschenlampen, und es ist nix passiert!« Mir dreht es den Magen um bei dem Gedanken, wie das unvernünftige Abenteuer auch hätte ausgehen können. Aber weil es ein Jahr später ist, bemühe ich mich widerstrebend, Leos Begeisterung für das unvergessliche Erlebnis zu teilen.

Teenager sprühen vor Ideen, auf die sonst niemand kommt. Die Wege ihrer Gedanken liegen jenseits unserer erwachsenen Vorstellungskraft. Dieses überraschend kreative Potenzial nutzen sie zu unserem Entsetzen vor allem, um Dinge auszuprobieren, die wir Erwachsenen bestenfalls als total sinnlos bewerten, als verschwendete Energie und verlorene Zeit. Dann kombinieren sie ihren Ideenüberschuss auch noch mit ungebremster Risikolust – und es kommt noch schlimmer, wie im Beispiel eben.

Was für Eltern anstrengend und oft beängstigend ist, lässt sich allerdings auch anders betrachten: Teenager bringen die Welt nach vorne! Herbert Renz-Polster schreibt dazu: »Es müssen Jugendliche gewesen sein, die das Feuer gezähmt haben.« Verrückte Ideen plus Risikobereitschaft ergibt Innovationspotenzial. »Wenn es das nicht gäbe«, so philosophiert Renz-Polster weiter, »dann säßen wir womöglich noch in Erdlöchern ...«[65] Und es ist doch so: Wer sich traut, seine abwegigen Gedanken in die Tat umzusetzen, geht zwar Risiken ein, aber dem, der mutig ist, eröffnen sich die Chancen, Neues zu entdecken, Unvergessliches zu erleben oder gar die Welt zu verändern. Viele der Teenager, die ich erlebe, sind neugierig, intensiv und engagiert. Zugegebenermaßen nur manchmal – eben wenn dieser unaufhaltbare Tatendrang durch ihre pubertätsbedingte Lethargie blitzt – aber dafür dann mit Wow!

So wie Alina, die aus dem Nichts über Nacht beschließt, dass sie nach dem Abitur nach Afrika gehen möchte, um sozial zu arbeiten. Sie absolviert trotz Abiturstress das Auswahlverfahren und nimmt schließlich mit ebenso großer Begeisterung das Alternativangebot an, ein Jahr mit Behinderten in Belgien zu arbeiten.

Oder wie Luca, den wir schon als Kind komisch fanden. Dessen Eltern wir schief angeschaut haben, weil sie ihm die totale digitale Freiheit ließen. Und über den wir hinter seinem Rücken den Kopf schüttelten, als er uns mit zwölf erklärte, er spiele nicht, sondern arbeite am Handy. Jetzt, mit achtzehn, hat er seine eigene Programmierfirma und investiert mit dem vielen Geld, das er bereits verdient hat, in andere Start-ups.

Oder wie der mittlerweile berühmt gewordene junge Niederländer, der beschloss, einen *Ozeanstaubsauger* zu bauen:

> Boyan Slat hatte die Idee zu seinem Projekt *The Ocean Cleanup* mit sechzehn, als er während eines Griechenlandurlaubs beim Tauchen mehr Plastikmüll als Fische sah. Er ließ sich danach nicht mehr von dem Gedanken abbringen, einen riesigen Meeresfilter zu bauen, der das Plastik aus den Weltmeeren fischt – auch nicht von massiver Kritik, die bei visionären Projekten nicht ausbleibt. Heute, nur sechs Jahre später, ist er ausgestattet mit 31,5 Millionen Dollar Spendengeldern und steht kurz davor, nach Prototypen die erste große Anlage zu installieren, am großen Pazifischen Müllstrudel (»Great Pacific Garbage Patch«) zwischen Kalifornien und Hawaii.[66]

Boyan Slat ist ein Extrembeispiel, aber es geht ums Prinzip: Jugendliche suchen ganz bewusst die Hochgefühle, die in die Tat umgesetzte große Ideen auslösen. Sie sind geradezu süchtig nach dem Glückshormon Dopamin, das dabei ausgeschüttet wird – darum ging es ausführlich in Teil eins. Die aktuelle Shell-Jugendstudie attestiert, dass die heutige Generation zwölf- bis fünfundzwanzigjähriger Jugendlicher sogar besonders experimentierfreudig ist: »Sie will zupacken, umkrempeln, neue Horizonte erschließen und ist bereit, dabei auch ein Risiko einzugehen.«[67]

Anstatt uns also grundsätzlich über jugendliche Unvernunft aufzuregen, sollten wir uns lieber öfter von unseren Kindern anstecken lassen und nach dem Kribbeln im Kopf suchen. Das macht auch uns glücklich, wie Prof. Brohm-Badry an der Universität Trier untersucht. Ihre Forschungsergebnisse bestätigen: Nicht nur bei Jugendlichen gibt es einen Zusammenhang zwischen dem Eingehen von Wagnissen und Glücksgefühlen. Aber wir Erwachsene haben es meist verlernt, die Dopaminausschüttung so konsequent zu triggern. Unsere Vernunft unterdrückt sie – und wir sprechen hier nicht von der Besteigung des Mount Everest! In ihrem Artikel »Mach was, womit du scheitern kannst« schreibt Brohm-Badry, dass diejenigen Menschen mehr Spaß, also Glück, empfinden, die Risiken eingehen: »Denn sie gehen über das hinaus, was sie schon können, probieren neue Wege, lernen dabei, was wirklich funktioniert, und scheitern oder siegen. Auf jeden Fall aber entwickeln sie sich weiter. Im Gegensatz zu allen anderen, die auf Nummer sicher gehen.«[68] Man kann es auch ganz einfach sagen: More risk, more fun! Teenager haben die Gabe, dieses Motto zu leben, und wir können dabei viel von ihnen lernen.

Tumbe Teenies oder Wissen macht Ah!

Eine besondere Gabe von kleinen Kindern ist ihr beeindruckendes Detailgedächtnis:»Unglaublich, Tim ist Dinosaurierexperte. Er wirft mit den komplizierten Namen um sich, als wären es Bauernhoftiere.« Ich muss grinsen, als ein stolzer Vater von seinem Fünfjährigen berichtet – und an das Fach oben in Leos Kleiderschrank denken, wo immer noch stapelweise Bücher und DVDs lagern, das geballte Wissen der Kindheit sozusagen: von den Feuerwehrfahrzeugen über Spinnentiere, die unvermeidlichen Dinosaurier und Meeresbiologie bis zu den alten Römern. Wie lustig, dass wir Eltern in diesem Alter alle überzeugt sind, ein hochbegabtes Kind zu Hause zu haben. Und dann kommt die Pubertät, und alles fällt der digitalen Verblödung zum Opfer ...

»Ey, Alter, die Lappen ham wir so rasiert heute!«

Wenn Leo sich mit seinen Freunden unterhält (also wenn sie überhaupt persönlich kommunizieren), amüsiert mich das zwar, aber eigentlich bin ich fassungslos über so viel wahr gewordenes Klischee und so wenig Restwortschatz. Teenies untereinander erwecken meist nicht gerade den intellektuellsten Eindruck: Dauergedaddel am Smartphone, Textmessages in Kürzeln ohne Rechtschreibung und Punkt und Komma. Zweiwort-Dialoge auf Neandertaler-Niveau. Wir hoffen auf die Rückkehr der Intelligenz, irgendwann!

Und dann sagt Leo so etwas wie:»In der Türkei scheint es gerade einen Militärputsch zu geben – was bedeutet das, Mama?« Und ich werde stutzig: Kann es sein, dass ich mit meinem Vorurteil ganz schön danebenliege?

Nach meiner Einschätzung befinden sich auf seinem Smartphone lediglich YouTube, WhatsApp, *Clash of Clans*. Vielleicht noch die *Kicker*-App als Informationsmedium. Auf vorsichtige

Nachfrage, warum er eigentlich so gut informiert sei, reagiert er sarkastisch: »Du, ich hab keine Ahnung, wie man an Nachrichten kommt – mich kümmert doch eh nicht, was auf der Welt passiert!«

Tatsache ist: Ich erfahre von Leo von den Gefechten in der Türkei. So wie er, wenn ich ehrlich bin, überhaupt über alle politisch wichtigen Ereignisse *vor* mir Bescheid weiß. Eigentlich muss ich auch zugeben, dass Gespräche über das Weltgeschehen bei uns größtenteils von ihm initiiert werden – mein Sohn zeigt sich de facto politisch interessierter als ich. Ein anderes Mal regt er sich auf:

»Gerade wurde ein Flugzeugabsturz in Ägypten gemeldet und auch, dass unter den Opfern zwei Deutsche sind. Wieso ist das wichtig? Ist das Unglück schlimmer, weil Deutsche gestorben sind?«

Wir Erwachsene sind oft ganz schön überheblich Teenagern gegenüber: Wir sehen unser feststehendes Bild von den oberflächlichen, desinteressierten Jugendlichen, die dank digitaler Demenz nicht mehr in der Lage sind, sich konzentriert mit etwas zu beschäftigen. Wir können uns nur schwer vorstellen, dass sich hinter der Fassade pubertären Gehabes ein wacher Geist versteckt, der sich nicht nur für das Weltgeschehen interessiert, das wir abgestumpft zur Kenntnis nehmen, sondern es auch noch hinterfragt. Die meisten Erwachsenen denken, es wäre an ihnen, Jugendlichen die Welt zu erklären. Wir sind von unserem umfassenden Wissen überzeugt und von unseren intelligenten Gedanken fasziniert. Nach den Ansichten unseres Kindes zu fragen kommt uns oft nicht in den Sinn.

Dabei müssten wir uns doch erinnern: Es gehört auch zum Erwachsenwerden, sich sein *eigenes* Wissen anzueignen. Damit man dann über die Welt und ihre Ungerechtigkeit nachdenken und Position beziehen kann.

Die Shell-Studie von 2015 zeigt, dass das herrschende Klischee vom oberflächlichen Teenager schlicht nicht stimmt: Das Interesse Jugendlicher an der Politik ist seit 2000 stetig angestiegen auf 41 Prozent in 2015. Fast sechs von zehn der Zwölf- bis 25-Jährigen haben sich schon einmal an einer oder mehreren politischen Aktivitäten beteiligt, zum Beispiel am Boykott von Waren.[69] Das Internet ermöglicht unseren Kindern, unendlich schnell an Informationen zu kommen und ihr Wissen zu erweitern. Die Gefahren sind auch bekannt: Soziale Medien überschwemmen das Netz mit viralen Nachrichten aus nicht immer seriösen Quellen, und Jugendliche sind noch anfälliger als Erwachsene dafür, sich eine algorithmusgesteuerte Schwarz-Weiß-Meinung zu bilden. Umso wichtiger, dass wir Eltern uns in die Position von Sparringspartnern begeben und uns interessieren, statt zu dozieren – welche Meinung auch immer unser Kind gerade vertritt.

Der grenzenlose Wissensschatz aus dem Internet gibt übrigens nicht nur Politisches her: Von meinem Sohn weiß ich, wie man eine Wassermelone am geschicktesten schneidet oder die Sauerei beim Granatapfelentkernen vermeidet. Wer hätte gedacht, dass man von einem faulen Teenager Tipps in Sachen Küchenfertigkeit bekommen kann?

Taktlose Dauerkritiker oder das wertvollste Feedback der Welt

Apropos Teenagers liebste Beschäftigungen: ihre Eltern zu kritisieren ist auch eine – und zwar am liebsten umfassend und generell: »So wie ihr euch *immer* verhaltet, kann ich es einfach nicht aushalten mit euch!« Wir nerven »ständig«, »jedes Mal«

und »durchgehend«. Von der Basisregel guter Konfliktkommunikation – *bitte keine Verallgemeinerungen!* – halten Jugendliche nicht viel. Da ist auch mein Sohn keine Ausnahme:

»Du bist so scheiße!«, Leo ist auf hundertachtzig, »Nie kannst du einfach nur sagen, was du willst, *immer* gleich in diesem unfreundlichen Ton, vom ersten Moment an genervt von mir. Was kann ich für deinen Stress?«
»Ich bin gar nicht gestresst, das bildest du dir ein«, versuche ich mich zu verteidigen.
»Doch klar, du hörst dich ja nicht selbst und siehst auch nicht deinen verzogenen Mund!«
Weil Leo mich aus heiterem Himmel angreift, schalte ich spontan auf Protest: »Gehts noch, wie redest du mit mir?« Und ich denke: »Der will nur von sich ablenken!«
In Leos schonungsloser Kritik liegt aber so viel Überzeugung, dass ich doch über seine Worte nachdenke. Es ist mir nicht unbekannt, dass meine direkte Art Menschen manchmal irritiert – obwohl ich eigentlich nur ehrlich sein will. Ich frage also nach:
»Leo, was genau macht dich so wütend?«
»Du hast diesen unfreundlichen Ton, und dein Gesicht sieht schlimm aus – abweisend, hässlich.«
Okay, es gibt erbaulichere Rückmeldungen. Aber ich habe gefragt. Und vielleicht nehme ich mir vor, meine Botschaften in Zukunft nicht mehr unbewusst durch meine Mimik zu verschlimmern.

Teenager nutzen jeden Anlass, um uns als Person zu kritisieren. Wir können uns dagegen wehren, denn ja, sie tun es meist nicht auf die feine englische Art. Oder aber wir sehen ihre Kritik als Möglichkeit, unsere Fehler zu erkennen:

»Mein Vater ist ein Sturkopf. Egal was du sagst, er hat recht. Das ist noch schlimmer geworden, seit ich älter bin. Vor ein paar Jahren dachte ich oft noch so ›Okay, dann liege ich halt falsch‹. Jetzt weiß ich oft einfach, dass es nicht stimmt, was er sagt. Und trotzdem geht er sofort hoch, wenn du etwas anderes sagst. Man kann mit ihm nicht diskutieren.«

Das erzählt mir Carla im Gespräch. Ich kenne ihren Vater schon sehr lange. Es stimmt, er ist von seiner Meinung grundsätzlich überzeugt und lässt sich ungern auf die Ansichten anderer Menschen ein. Was für eine Chance wäre es für ihn, das Feedback seiner Tochter ernst zu nehmen!

Nicht nur im Dialog mit uns spüren Heranwachsende schonungslos unsere Mängel auf. Weil sie uns ständig kritisch beobachten und unser Tun mit ihren wachsenden Handlungsmaßstäben abgleichen, geben sie uns auch Rückmeldung auf unser Verhalten anderen gegenüber:

»Die macht mich so traurig, ich muss mich endlich zurückziehen!«, rege ich mich über eine Freundin auf, die sich in letzter Zeit viel zu selten meldet. Mein Sohn gibt mir zu bedenken: »Ich bin sicher, dass sie es nicht so meint, frag sie lieber einfach, was los ist.«

Ein andermal stöhne ich nach einem Telefonat: »Boah, die nervt so!«, und ernte sofort den rügenden Kommentar von Leo: »Das ist echt nicht nett, wie du redest, sie ist doch deine Freundin, und woher soll sie wissen, dass du gerade keine Lust hast zu telefonieren?«

Sie hinterfragen unser Tun, sie ertappen uns bei unseren Fehlern und konfrontieren uns umgehend mit der ungeschönten Wahrheit. Entweder, wir wollen das alles nicht hören, schon gar nicht von jemandem, der selbst alles andere als fehlerfrei ist. Dann können wir ihre Kritik so interpretieren: Teenager suchen schlicht im Angriff ihre beste Verteidigung! Oder aber wir sehen in der Kritiklust unseres Kindes eine Möglichkeit, uns weiterzuentwickeln. Denn wenig andere Menschen haben die Gabe, so auf den Punkt zu beobachten, und den Mut, uns ihre Einschätzung so gnadenlos ins Gesicht zu sagen. Ich für meinen Teil bin sehr dankbar für die vielen Aha-Momente, in denen Leo meine Selbstwahrnehmung mit seinem Bild geraderückt. Und: So authentisch die negative Kritik, so aufrichtig auch die positive. Wenn mein Sohn mir also sagt »Du siehst so schön aus, Mama!«, weiß ich, dass auch das von Herzen ehrlich gemeint ist. Um das große Herz geht es auch im letzten Punkt.

Egoshooter oder unverhofft oft ein großes Herz

Meine Freundin Birgit schildert mir folgende Geschichte: Im Haushalt der Großeltern ist die Situation angespannt, seit Birgits Mutter an Demenz erkrankt ist. Der Vater, der bisher nichts im Haushalt zu tun hatte, muss plötzlich die Zügel in die Hand nehmen und ist damit überfordert. Birgit versucht zu unterstützen – in der wenigen freien Zeit, die ihr neben dem eigenen Job bleibt. An einem Samstag bittet sie ihre beiden Kinder Lea und Ben, mit zu den Großeltern zu kommen, um das Haus zu putzen und die notwendige Gartenarbeit zu erledigen. Für beide ist die Krankheit der Großmutter noch neu. Sie meckern wenig begeistert: »Ist das dein Ernst? Wir haben doch Wochenende!« Aber sie willigen dann doch erstaunlich schnell ein.

Bei den Großeltern wartet mehr Arbeit als erwartet, und es geht nur zäh voran, weil die demente Großmutter viel Aufmerksamkeit fordert. Ben wird von ihr mit Beschlag belegt, immer wieder geherzt und geknuddelt, als sei er ein Kleinkind. So wie Birgit ihn kennt, würde er wohl lieber das ganze Haus allein putzen, als diese Liebkosungen zu ertragen – aber er gibt der Mutter zu verstehen, dass es »schon okay« sei. Lea nimmt derweil das Putzzepter in die Hand. Stunden später auf dem Heimweg lobt Birgit: »Ihr wart großartig, ich bin so stolz, danke für eure Hilfe. Und weil es so viel länger als geplant gedauert hat, würde ich euch für eure Arbeit gerne einen Stundenlohn bezahlen.« »Nee Mama, lass stecken, das war doch selbstverständlich«, sagt Ben. Und Lea ergänzt: »Allein ist das doch der Horror für dich, wir kommen auch wieder mal mit, wenn du willst!«

Eine wahre Begebenheit – auch wenn sie eher klingt wie aus einer ZDF-Nachmittagssoap. Unser Vorurteil lautet doch: Teenager denken zuerst an sich und halten überhaupt nichts von Unterstützung im Haushalt, schon gar nicht am Wochenende. Und doch erlebe ich immer wieder Seiten an Leo, die dieser Tage nicht ganz so offensichtlich sind: spontane Hilfsbereitschaft, hinreißendes Einfühlungsvermögen, männliches Zupacken. Was ist da los? Was ist in diesen Momenten anders als im üblichen Teenageralltag?

Zum einen spüren wahrscheinlich auch pubertäre Jugendliche, wenn sie wirklich gebraucht werden – wenn es wie bei Lea und Ben sozusagen um eine Ehrensache geht. Umso mehr noch, wenn in der Familie soziale Tugenden wie Mitgefühl und Hilfsbereitschaft vorgelebt werden. Ich kann mich tatsächlich nicht erinnern, jemals eine Absage von Leo bekommen zu haben, wenn ich ihn ernsthaft um etwas gebeten habe, das mir am Herzen liegt (also nicht ums Spülmaschineausräumen!).

Zum anderen hassen Teenager Erwartungen. Sie reagieren allergisch, sprich: mit automatischer Gegenreaktion, wenn wir etwas von ihnen einfordern, womöglich aus Prinzip. »Du solltest, du müsstest, du könntest doch mal …« – alles Formulierungen, die vor Ansprüchen nur so strotzen. Und genau die führen regelmäßig in die leidigen Diskussionen. Teenager erledigen ungern die Aufgaben, die wir für sie im Kopf haben und fügen sich nur widerstrebend unseren Wünschen. Das liegt neben ihrer Faulheit auch an ihrem unbändigen Drang nach Unabhängigkeit von uns. Wir hatten das schon: Wenn Jugendliche fühlen, dass sie selbst entscheiden, sieht die Sache anders aus. Leo zum Beispiel, der seine Mitarbeit im Haushalt normalerweise auf das kleinste denkbare Minimum beschränkt, beschließt freiwillig, unser Haus zu putzen – gegen Geld, das er für ein soziales Projekt seiner Schule spenden möchte. Oder er springt auf und holt mir mein Handy aus dem Auto, als ich mich lautstark über mich selbst ärgere, weil ich es dort vergessen habe. Kennen Sie solche Erlebnisse? Sie sind leicht zu übersehen zwischen all den Auseinandersetzungen, die wir eigentlich für jedes bisschen Unterstützung führen müssen.

Es macht glücklich, auf sie zu achten – weil hier der wunderbare Mensch durchblitzt, der sich hinter der unwirschen Alltagsfassade verbirgt.

GLÜCKSSTRATEGIE

Momente sammeln

Kennen Sie diese Tausend-Dinge-Listen, die einem sagen, was man alles noch unbedingt tun sollte – um dann irgendwann endlich glücklich zu sein? Ich drehe das Prinzip lieber um. Es ist doch viel schöner wahrzunehmen, was uns bereits glücklich *gemacht hat.* Mit der Pubertät ist es nicht anders: »Irgendwann wird es wieder besser werden«, hoffen wir – und verpassen all das Schöne, das gerade direkt vor unserer Nase passiert.

Ich habe mir angewöhnt, abends im Bett den Tag gedanklich durchzugehen auf der Suche nach guten Momenten. Aus dieser Schatzsuche ist eine regelmäßige Angewohnheit geworden – die für meine Wahrnehmung Wunder bewirkt hat. Ärger und Sorgen haben die Eigenschaft, übermächtig zu werden, sobald sie sich im Kopf vor dem Einschlafen ausdehnen können. Die Suche nach den glücklichen Momenten des Tages aber ist ein wirksames Gegenmittel – je regelmäßiger praktiziert, desto besser wirkt diese Methode. Mein letzter Tipp ist deshalb vielleicht der wichtigste: Augen auf und Glücksmomente sammeln, dann hat die Pubertät die Chance, zur schönsten Zeit des Elternlebens zu werden!

(((ZUGEHÖRT)))

Aus meinen Gesprächen mit Teenagern

Hast du (gute) Gespräche mit deinen Eltern?

»Mit meiner Mutter kann ich sehr gut reden. Nur manchmal gibt es Missverständnisse: Ich möchte manchmal einfach nicht reden. Wenn sie dann fragt, reagiere ich genervt. Sie denkt dann, ich will allgemein nicht über das Thema sprechen, und fragt nie wieder. Aber manchmal hilft Reden mit ihr total: Zum Beispiel zum Thema Jungs. In meinem Freundeskreis ist ja jeder so alt wie ich und genauso unerfahren. Wie soll ich mir da einen Ratschlag holen? Meine Mutter weiß das doch viel besser. Zum Beispiel, als ich meinen ersten Freund hatte: Nach dem ersten Kuss wusste ich nicht, was das jetzt bedeutet und wie es normalerweise weitergeht. Meine Freundinnen hatten noch nie einen Freund, wie sollen die das also wissen? Da war es schon gut, meine Mutter zu fragen. Am Anfang ist es mir immer ein bisschen peinlich, und ich muss mich überwinden. Aber das Gute ist, dass meine Mutter nicht urteilt. Sie hört sich etwas an, sagt, wie sie es einschätzt, aber sie bewertet mich und was ich tue nicht.«   *Carla, 15*

»Jetzt, wo es zum ersten Mal mit Mädchen abgeht, kann mein Vater mich sehr gut beraten. Ich würde ihm beim ›ersten Mal‹ auch direkt davon erzählen.«   *Danny, 16*

»Ja, auf jeden Fall. Mein Vater ist eher ein Moralapostel, aber er will auch immer verstehen, warum ich Sachen mache. Es nervt, wenn er so lange redet, aber ich kann auch meine Meinung sagen, das finde ich gut.«   *Paul, 14*

»Mit meinem Vater rede ich hauptsächlich über Fußball, das sind selten tief greifende Gespräche. Wenn ich mit meiner Mutter zusammen eine rauchen gehe, reden wir über alles Mögliche – auch viel über wichtige Themen, zum Beispiel über Liebeskummer. Man unterhält sich halt mit ihr ganz anders, als wenn du mit Gleichaltrigen redest. Einfach weil die Erfahrung viel größer ist. Bei anderen Themen ist es mir total egal, wie meine Eltern das gemacht haben, aber beim Thema Liebe ist man so hilflos, dass man gerne den Rat von Erfahreneren annimmt. Das hat aber erst in der Elften angefangen.«   *Basti, 18*

»Meinem Vater kann ich alles sagen, er vertraut mir echt hundert Prozent. Manche Sachen, bei denen die Mama komplett ausrasten würde, erzähle ich halt auch nur ihm. Wenn ich das meiner Mutter sagen würde, wäre sie aber schon traurig – sie würde sagen, dass sie doch diejenige ist, die sich kümmert.«   *Lena, 17*

Was an Eltern richtig gut ist

»Meine Eltern lassen mir wirklich lange Leine. Ich denke so oft: ›Wow, was habe ich für Glück mit meinen Eltern!‹«   *Kyra, 15*

»Ich glaube, meine Eltern erlauben mir sehr viel. Sie sind total entspannt. Meinem Vater ist es nur wichtig, dass ich nicht allein nach Hause fahre, meiner Mutter, dass sie immer weiß, wo ich bin. Nach Hause kommen kann ich, wann ich will. Ich gehe manchmal auch schon um elf nach Hause. Wenn es lustig ist, dann halt später, aber ich sage immer Bescheid, was ich mache und wo ich gerade bin. Meine Eltern gehen dann auch schlafen, sie vertrauen mir. Manche meiner Freunde müssen schon um eins zu Hause sein, ich nicht. Eigentlich ist es so: Bei den Eltern, die am strengsten sind und am wenigsten erlauben, wollen die Kinder am längsten wegbleiben. Die sagen dann, dass sie bei Freunden übernachten, sind aber bis sieben Uhr morgens unterwegs.« *Lena, 17*

»Wenn es einem schlecht geht, ist es cool, wenn sie ahnen, warum es dir schlecht geht. Außer wenn sie dir dann wieder Ratschläge geben wollen – weil sie ›früher ja auch mal jung waren‹. Das kann man doch gar nicht mehr vergleichen!« *Carla, 15*

»Dass sie mir vertrauen und auf meiner Seite sind Zum Beispiel habe ich in der sechsten Klasse einen Verweis bekommen für etwas, mit dem ich nichts zu tun hatte. Sie haben mir geglaubt und mit der Lehrerin geredet. Und das würden sie immer tun.« *Paul, 14*

»Dass sie locker sind zum Thema Schule – ich kann das selbst in die Hand nehmen. Sie haben sich irgendwann gesagt: ›Lass den Mann selbst machen.‹ Seitdem bin ich immer mit einem Fuß im Abgrund – aber ich halte mich noch.« *Frederik, 17*

»Dass sie nicht sagen ›Sei dann und dann zurück!‹, bei einem Sechszehnjährigen käme doch dadurch nur das Gefühl: Ihr vertraut mir nicht, ich kann das selbst entscheiden! Und man würde das Gegenteil machen.« *Danny, 16*

»Dass sie hinter dem stehen, was ich mache, egal was es ist. Wenn ich einen Plan habe, hinterfragen sie den zwar durchaus kritisch, aber danach stehen sie hundertprozentig zu mir. Und wenn es gut läuft, sind sie stolz auf mich. Das ist mir das Wichtigste, dass sie stolz sind.«
Basti, 18

»Dass mein Vater mich so gut versteht: Als ich zum ersten Mal einem Mädel meine Liebe gestehen wollte, saß ich mit ihm da und habe ihn gefragt: ›Was schreib ich ihr denn jetzt zurück?‹ Das war cool.« *Danny, 16*

»Beim Papa auf jeden Fall, dass er in puncto Freunde und Rausgehen echt entspannt ist. Und mir ist echt aufgefallen: Er erlaubt mir ein bisschen mehr, und deshalb mache ich auch viel lieber, was er von mir erwartet. Meine Mutter dagegen sagt immer ›Nein! Nein! Nein!‹, da rebellier ich einfach. Mein Vater ist entspannter, und wir verstehen uns dann auch besser. Aber an meiner Mutter finde ich auch vieles gut: Ich kann mit ihr echt gut reden, über ganz viele Sachen. Sie hört mir immer gut zu und gibt mir Tipps zu Jungs oder Freunden. Da hilft sie mir schon und versteht mich auch. Die Mama weiß auch immer, ob der Junge der richtige ist oder nicht. Sie hat letztendlich bisher immer recht behalten. Und sie ist ziemlich großzügig, kauft mir auch mal Klamotten, die ich gar nicht brauche. Das ist schon cool.« *Elisa, 16*

Was würdest du gerne an der Welt verändern?

»Krieg und Terror und Gewalt abschaffen – wenn ich wüsste, wie.«   *Elisa, 16*

»Für die Leute in meinem Alter: Nicht mehr hinter dem Rücken von anderen schlecht reden, zum Beispiel nur, weil jemand nicht die richtigen Markenklamotten anhat. Menschen mehr integrieren, auch die, die anders sind. Ich würde mir wünschen, dass das bei uns schon anfängt – und dass alle es machen. Dass es nicht an Klamotten hängt, ob man gemocht wird. In meinem Freundeskreis zieht sich keiner schlecht an, als wäre es eine Bedingung für die Freundschaft.«   *Luisa, 17*

»Ich möchte die Welt markant verändern. Ich werde wahrscheinlich noch achtzig Jahre auf diesem Planeten sein, da überlege ich schon, ob ich die letzten vierzig mit Gasmaske durch die Gegend laufen muss. Werde ich vielleicht selbst etwas erfinden können, was unserer Welt hilft?«   *Danny, 16*

»Ich möchte, dass Menschen wieder nachdenken. Was Trump so macht, lässt doch vermuten: Er denkt nicht nach. Der Klimawandel existiert nicht? Scheiße, er ist da, Mann!«   *Frederik, 17*

»Wir könnten in den nächsten hundert Jahren so viel erreichen – könnten hinkriegen, was unsere Fehler rückgängig macht, Plastik superschnell recyceln oder so. Aber wir müssten es halt tun. Es gibt aber immer Menschen die dagegen sind, alles aufhalten.«   *Danny, 16*

219

»Armut abschaffen. Ich will allerdings auch keinen Kommunismus, das ist auch nichts. Die Welt dreht sich aber leider um Geld.«   *Paul, 14*

»Umweltverschmutzung verhindern. Ich fahre viel Fahrrad, aber wenn man es nur allein macht, bringt das auch nichts.«   *Lena, 17*

»Dass alle Menschen ihr Leben gleich leben könnten – dass dieses ständige *der ist so* und *der ist so* aufhört. Und dass wir uns bewusst werden, wir haben keinen Plan B, wenn es um unseren Planeten geht. Wie lang geht das noch gut? Wir wohnen doch wie Messies auf unserem Planeten!«   *Basti, 18*

Nachklang

»Was sagst du dazu, du bist doch jetzt Erziehungsexpertin«, sagte eine Bekannte neulich zu mir. »Äh nein, überhaupt nicht!«, antwortete ich entsetzt (während mir noch die letzte lautstarke, aber ergebnislose Diskussion mit Leo im Ohr hallte). Es ist definitiv *nicht* so, dass ich immer weiß, was zu tun ist – oder dass ich es, wenn ich es theoretisch wüsste, auch tue.

Deshalb ist dieses Buch auch keine Gebrauchsanweisung, sondern mein persönlicher Erfahrungsschatz. Nehmen Sie sich das, was Sie gebrauchen können und ignorieren Sie den Rest. Richten Sie den Blick auf sich, auf Ihr Kind und auf das Zusammenspiel in Ihrer Beziehung, dann werden Sie selbst erleben, was gut funktioniert – und was nicht. Und seien Sie sich gewiss, auch das ändert sich ständig!

Vor etwas mehr als einem Jahr begann ich, an diesem Buch zu schreiben. Wenn ich jetzt meine Texte beim Überarbeiten erneut lese, habe ich das Gefühl, dass manche Szenen ewig zurückliegen – so sehr hat sich Leo und auch unsere Beziehung inzwischen verändert. Es fühlt sich gerade so erwachsen an zwischen uns. Gereift, voll neuem Vertrauen. Wir verbringen viel Zeit miteinander, und das genieße ich sehr. Erwarte ich, dass es so bleibt? Sicher nicht. Und es gibt auch genügend Themen, bei denen ich mir Veränderung herbeisehne – bei Leos Schulengagement zum Beispiel! Irgendwo habe ich davon gehört, dass der Spaß erst dort anfängt, wo die Routine aufhört: *Life begins at the end of your comfort zone.* Treffender kann man das Leben als Teenagermutter nicht beschreiben.

»Aber was ist für dich am wichtigsten während der *ganzen* Pubertät?«, fragt mich eine Freundin. »Meine Einstellung!«, antworte ich, wie aus der Pistole geschossen. Meine gesammelten Erfahrungen und Gedanken beruhen alle auf diesem einen Grundprinzip: Ich konzentriere mich auf das, was gut ist – oft sogar großartig! Was ich aus dieser Perspektive erlebe, gibt mir das Vertrauen und die Kraft, die ich brauche, um die nicht so guten Seiten der Pubertät mit (ein bisschen mehr) Gleichmut zu nehmen. Hier meine persönliche Top-Ten-Liste in Sachen positiver Einstellung zur Pubertät:

1. Statt der Pubertät bekämpfe ich lieber meine Erwartungen.
2. Einen Teenager vor seinen Fehlern bewahren zu wollen, ist meistens ein Fehler.
3. Kontrolle ist (nur noch selten) gut, Vertrauen ist besser.
4. Jugendliche Freiheit ist nicht das Ende unserer Beziehung, sondern ein neuer Anfang.
5. Dass ich ein Problem nicht sehe, heißt noch lange nicht, dass es nicht existiert.
6. Die Leichtigkeit des Teenagerseins ist manchmal ganz schön schwer.
7. Der Verstand wächst nicht schneller, wenn ich laut nach ihm rufe.
8. Viele Probleme lösen sich, wenn man auf Augenhöhe diskutiert, statt von oben herab kämpft.
9. Ich höre besser zu, als weise Ratschläge zu geben.
10. Streiten kann jeder, Versöhnen muss man lernen.

Ich hoffe, ich konnte in diesem Buch zeigen, wie viel Gutes es zu finden gibt in diesen Jahren des Umbruchs. Und ich wünsche Ihnen, dass auch Sie den Veränderungen der Pubertät nicht mehr nur kritisch, sondern mit echter Neugier begegnen können und Stück für Stück auch Veränderungen an sich selbst bemerken: vor der prinzipientreuen Konsequenz zur intuitiven Reaktion. Vom entsetzten Unverständnis zum offenen *Warum nicht?* Von verzweifelter Kontrolle zum Spaß am Unerwarteten. Ich bin auch großzügiger mit mir selbst geworden, sehe ein, dass nicht jeder »Fehler«, den ich mache, sich auf Leos Entwicklung auswirkt und auch nicht auf unsere Beziehung. Es geht nicht um Perfektion, sondern darum, Heranwachsende positiv und lebensbejahend zu begleiten. Ihnen vorzuleben, wie spannend es sein kann, anderer Meinung zu sein. Kompromisse finden zu müssen, sich auf neue Sichtweisen einzulassen. Wenn wir Eltern davon überzeugt sind, machen wir auch unsere Kinder zu weltoffenen, toleranten Menschen, die Konflikte mit Verständnis lösen – zu Menschen, die unsere Welt dringend braucht!

Danke

Der Wunsch, ein Buch, nein, genau dieses Buch zu schreiben kam plötzlich. Ich wusste damals nicht, ob aus meiner Idee ein Plan, geschweige denn ein gedrucktes Ergebnis werden kann. Aber dann wurde ich von allen Seiten mit Ermutigung überschüttet. Ich durfte baden in motivierenden Worten und ernst gemeinter Bestätigung, und mein Traum wurde Wirklichkeit. Von Herzen danke dafür!

Besonders danke ich meinem Sohn, ohne dich gäbe es dieses Buch nicht. Danke für alles, was ich von dir lernen darf und für dein großes Vertrauen.

Danke, Robert, ich bin gesegnet mit deiner Liebe und Wertschätzung und deinem Verständnis für meine Leidenschaften.

Danke, Ariane, für Kritik an den richtigen Stellen und Zuspruch ohne Ende.

Danke an meine wunderbaren Eltern, ohne euch würde ich mir nicht einbilden, ein Buch schreiben zu können.

Bettina, du bist unglaublich, danke für deine nicht zu bremsende Begeisterung und Leselust.

Danke auch an all meine Freundinnen und Freunde, dass ihr mir bereitwillig eure Geschichten erzählt und gelacht habt, als ich sie euch später besorgt vorgelesen habe.

Danke, Edyta Dombrowski, für beachtliches Vertrauen und weise Unterstützung.

Danke, Anja Hänsel, für deine ansteckende gute Laune und das wertvolle Lektorat.

Und ganz besonders: Danke, Sarah, Lilly, Emmi, Mads, Luc und Felix, für eure Offenheit und viele Aha-Effekte. Es hat großen Spaß gemacht mit euch!

Literatur

Aldort, Naomi: Von der Erziehung zur Einfühlung. Arbor Verlag 2009

Ayoub, Nadja: »Gegen Plastikmüll im Meer: ›The Ocean Clean Up‹ startet früher als geplant.« Utopia.de 16.5.2017, Zugriff 18.5.2017

Brohm-Badry, Michaela: »Wie Mut uns stimuliert. Mach was, womit du scheitern kannst.« Wirtschaftswoche Online 2.5.2017, Zugriff 17.5.2017

Brohm-Badry, Michaela: »Don't Stop Me Now: Wie wir Kinder und Jugendliche glücklich, charakterfest und leistungsstark machen.« Vortrag im Rahmen der Werkstattgespräche im Kinderkunsthaus München, 27.3.2017

Brooks, Robert/Goldstein, Sam: Das Resilienz-Buch – Wie Eltern ihre Kinder fürs Leben stärken. Klett-Cotta 2007

Bührle, Paul: Teenieleaks – Was wir wirklich denken (wenn wir nichts sagen). Ullstein Verlag, 2. Auflage 2015

Burchard, Amory: »Sinus Jugendstudie 2016. Generation Mainstream«. Der Tagesspiegel Online 26.4.2016, Zugriff 9.2.2017

Bauer Media Group: »Dr.-Sommer-Studie 2016: Die erste Diät mit elf. Die ersten Selfies im Netz mit zwölf. Der erste Sex mit 17./Bravo veröffentlicht Studie zu Aufklärung, Liebe, Körper und Sexualität«. www.bauermedia.com 25.1.2016, Zugriff 27.7.2017

Coca-Cola Happiness Institut/forsa.omninet: Familienstudie
2014
Dignös, Eva: »Kinder in der Pubertät. Welche Rolle die Väter
haben«. SZ Online 3.1.2014, Zugriff 2.5.2017
Die Drogenbeauftragte der Bundesregierung: Drogen- und
Suchtbericht Juni 2016
Engelmann, Julia: Eines Tages, Baby. Goldmann Verlag 2014
Faber, Adele/Mazlish, Elaine: How to Talk So Kids Will Listen
and Listen So Kids Will Talk. Simon & Schuster 2012
Fredrickson, Barbara L.: »Die Macht der guten Gefühle«.
Gehirn & Geist 6/2003, S.38–42
Furedi, Frank: Die Elternparanoia – Warum Kinder mutige
Eltern brauchen. Eichborn Verlag 2002
Gordon, Thomas: Familienkonferenz in der Praxis. Taschen-
buchausgabe Heyne Verlag 2011
Juul, Jesper: »Ich kämpfe täglich mit deutschen Müttern«.
Zeit Online 25.2.2010, Zugriff 21.11.2016
Juul, Jesper: Pubertät – Wenn Erziehen nicht mehr geht. Kösel
Verlag, 8.Auflage 2013
Juul, Jesper: Schulinfarkt – Was wir tun können, damit es
Kindern, Eltern und Lehrern besser geht. Kösel Verlag 2013
Juul, Jesper: Familienkalender 2015. Kösel Verlag 2015
Koch, Claus: Pubertät war erst der Vorwaschgang. Gütersloher
Verlagshaus 2016
Kraske, Michael: »Ignorieren ist eine üble Form von Gering-
schätzung«. Stern Ratgeber Pubertät, Gruner & Jahr 2016,
S.50–58
Kulbe, Annette: Grundwissen Psychologie, Soziologie und
Pädagogik. Verlag W.Kohlhammer, 2., überarbeitete Auf-
lage 2009
Kullmann, Kerstin: »Nachhilfe ist meistens Unsinn«. Spiegel
Online 27.8.2016, Zugriff 22.2.2017

Largo, Remo H./Czernin, Monika: Jugendjahre – Kinder durch die Pubertät begleiten. Piper Verlag, 3. Auflage 2015

Lehmann, Dr. Kevin: Have a New Teenager by Friday. Revell Verlag, Taschenbuchausgabe 2013

Maus, Stephan: »Gemeinsam glücklich sein«. Stern Ratgeber Pubertät, Gruner & Jahr 2016, S. 114–119

Michaelis, Simon: »Fuck Up Nights: Mist gebaut und stolz darauf«. Spiegel Online 5. 9. 2014, Zugriff 26. 6. 2017

Moran, Caitlin: All About a Girl. Carl's books 2015

Ottenschläger, Madlen: »Wer nichts leistet, hat verloren: Warum leiden schon Schüler an einem Burn-out? Ein Gespräch mit dem Jugendpsychiater Michael Schulte-Markwort«. Zeit Online 27. 3. 2014, Zugriff 25. 11. 2016

Reinhard, Rebekka: »Zeit des Erwachens«. Stern Ratgeber Pubertät, Gruner & Jahr 2016, S. 8–21

Renz-Polster, Herbert: Menschenkinder – Artgerechte Erziehung – was unser Nachwuchs wirklich braucht. Kösel Verlag 2016

Renz-Polster, Herbert/Hüther, Gerald: Wie Kinder heute wachsen – Natur als Entwicklungsraum. Ein neuer Blick auf das kindliche Lernen, Fühlen und Denken. Beltz 2016

Römer, Felicitas: Mama, Chill mal – Pubertät und trotzdem gut drauf. Patmos Verlag 2014

Rogge, Jan-Uwe: Pubertät – Loslassen und Halt geben. Rowohlt Taschenbuch Verlag, 8. Auflage 2014

Rosenberg, Marshal B.: Konflikte lösen durch gewaltfreie Kommunikation. Herder, 15. Auflage 2004

Rosenberg, Marshal B.: Gewaltfreie Kommunikation: Eine Sprache des Lebens. Junfermann Verlag, 12. Auflage 2016

Ruch, Willibald: »Charakterstärken: Grundlagen und Anwendungen«. www.seligmaneurope.com, Zugriff 27. 7. 2017

Sanides, Sylvia: »Pubertäre Nachteulen«. Focus Online
15.9.2001, Zugriff 6.3.2017

Schaumburg, Felix: »Schule könnte ein bisschen wie Minecraft werden«. Aufbruch Lernen – Ein Magazin zur digitalen Bildung. Google 2016

Seligman, Martin: Flourish – Wie Menschen aufblühen:
Die Positive Psychologie des gelingenden Lebens. Kösel
Verlag 2012

Seligman, Martin: Wie wir aufblühen: Die fünf Säulen des
persönlichen Wohlbefindens. Goldmann Verlag 2015

Shell Jugendstudie 2015 (Flyer), Hamburg 2015

Siegel, Daniel: Aufruhr im Kopf – Was während der Pubertät
im Gehirn unserer Kinder passiert. mvg Verlag 2015

Stamm, Margrit: Lasst die Kinder los – Warum entspannte
Erziehung lebenstüchtig macht. Piper Verlag 2016

Theoceancleanup.com

Voelchert, Mathias: »Wie schaffen wir Schule bevor sie uns
schafft«. www.familylab.de, Zugriff 22.2.2017

Voelchert, Mathias: »Es gibt intelligentes Leben in Schulen«.
www.familylab.de, Zugriff 22.2.2017

Wehner, Désirée: »Deadline 2020. Konzept auch in Deutsch-
land denkbar? Finnland schafft Schulfächer ab«. Focus
Online 15.11.2016, Zugriff 27.7.2017

Weingarten, Susanne: »Hey, hör mir zu!«. Gatterburg, Angela/
Pieper, Dietmar (Hg.): Das Geheimnis guter Kommunikation. Deutsche Verlags-Anstalt 2016, S. 91–99

Welt N24 Aktuell: »Kiffen macht dümmer – Jugendliche
werden schlauer«. 28.8.2012, Zugriff 27.7.2017

Anmerkungen

1 Stamm, S. 20 f. bzw. Furedi, S. 57
2 Largo/Czernin, S. 243
3 Brooks/Goldstein, S. 37
4 Michaelis
5 Siegel, S. 16 ff.
6 Siegel, S. 73
7 Siegel, S. 75
8 Siegel, S. 87
9 Largo, S. 258
10 Renz-Polster, S. 111 ff.
11 Juul (Schulinfarkt), S. 11 f.
12 Josef Kraus in: Kullmann
13 Ottenschläger
14 Bührle, S. 113
15 Sanides
16 Voelchert (Schule), S. 2
17 Largo, S. 286
18 Schaumburg, S. 19
19 Wehner
20 Juul (Pubertät), S. 43 ff.
21 Reinhard Winter in: Kraske, S. 57
22 Engelmann, S. 66. oder live z. B. hier: https://www.youtube.com/watch?v=BFACuNaTNac
23 Welt N24 Aktuell
24 Juul (Familienkalender)
25 Renz-Polster/Hüther, S. 175 f.
26 Renz-Polster/Hüther, S. 190 f.
27 Koch, S. 160
28 Reinhard, S. 21
29 Moran, S. 355
30 Marc Calmbach in: Burchard
31 Drogen- und Suchtbericht 2016, S. 12
32 Bauer Media Group
33 Rogge, S. 70
34 Moran, S. 355
35 Juul (Pubertät), S. 84
36 Reinhard, S. 20
37 Seligman (2012), S. 239
38 Seligman (2015), S. 48 ff.
39 Fredrickson, S. 40 f.
40 Seligman (2002), S. 144
41 Seligman (2002), S. 155
42 Ruch, S. 25
43 Brohm-Badry (Don't stop me)
44 Largo/Czernin, S. 235
45 Faber/Mazlish, S. 5 ff.
46 Siegel, S. 67
47 Aldort, S. 19
48 Aldort, S. 21
49 Römer, S. 101
50 Largo/Czernin, S. 159
51 Siegel, S. 143
52 Maus, S. 118

53 Coca-Cola Familienstudie
   2014
54 Siegel, S. 209
55 Kulbe, S. 117
56 Wassilios E. Fthenakis in:
   Dignös, S. 1
57 Siegel, S. 94
58 Doris Heueck-Mauß in:
   Weingarten, S. 96
59 Doris Heueck-Mauß in:
   Weingarten, S. 96
60 Gordon, S. 59 ff.
61 Rosenberg (GFK), S. 30

62 Rosenberg (Konflikte), S. 12
   und Rosenberg (GFK), S. 75 ff.
   sowie S. 21 f.
63 Rosenberg (Konflikte), S. 9
64 Lehmann, S. 61
65 Renz-Polster, S. 57
66 www.theoceancleanup.com
   sowie Ayoub
67 Shell Jugendstudie 2015
   (Flyer)
68 Brohm-Badry (Mut)
69 Shell Jugendstudie 2015
   (Flyer)

»Largos Erziehungsklassiker sind aktueller denn je.«

Frankfurter Allgemeine Zeitung

*Cover- und Preisänderungen vorbehalten

Remo H. Largo /
Monika Czernin

Jugendjahre

Kinder durch die Pubertät begleiten

Piper Taschenbuch, 400 Seiten
€ 14,00 [D], € 14,40 [A]*
ISBN 978-3-492-30192-3

Computersucht, Komasaufen, Schulmüdigkeit – selten gibt es positive Schlagzeilen über Jugendliche. Mit ihrem Buch wollen Remo H. Largo und Monika Czernin Verständnis für die Jugendlichen und ihre schwierigen Entwicklungsaufgaben wecken und den Blick dafür schärfen, dass in ihren Händen die Zukunft liegt. Ein Buch, das zum Umdenken auffordert.

Chillen und relaxen:
Willkommen im Leben
des Pubertiers!

Jan Weiler

Und ewig schläft
das Pubertier

Piper, 176 Seiten
€ 14,00 [D], € 14,40 [A]*
ISBN 978-3-492-05772-1

Wenn es erst einmal wach ist, hält es die Welt in Atem: das Pubertier. Es besticht durch seine Begeisterungsfähigkeit für schlechtes Essen und seltsame Musik. Außerdem wächst es wie Chinagras und trägt T-Shirts und Frisuren, die uns dringend etwas sagen wollen. Ansonsten ist die Kommunikation mit dem Pubertier reduziert, es spricht wenig, dafür müffelt und chillt es ausgiebig. Die Liebe spielt eine immer größer werdende Rolle sowie natürlich die Wahl der richtigen Schuhe. Kurzum: Es wird erwachsen.

»Ich verbürge mich für die Autoren. Denn ich kenne ihre Kinder!«

Jan Weiler

Cathrin Kahlweit
George Deffner

PUBER TÄTER

Wenn Kinder schwierig
und Eltern unerträglich
werden

Hier reinlesen!

Cathrin Kahlweit /
George Deffner
Pubertäter
Wenn Kinder schwierig und
Eltern unerträglich werden

Piper Taschenbuch, 224 Seiten
€ 9,99 [D], € 10,30 [A]*
ISBN 978-3-492-27230-8

Eine Familie, zwei Erwachsene, drei Kinder: die Eltern berufstätig, die Kinder auf dem Gymnasium und die Katze wohlauf. Jedoch, die Idylle trügt. Denn die Pubertät hat Einzug gehalten und versetzt eine Familie in den Ausnahmezustand. Es werden schwere Geschütze aufgefahren: verbale Entladungen, manipulierte Freunde und unerlaubtes Entfernen aus der Kampfzone. Dieses Buch ist Anleitung zum Guerillakampf und Liebeserklärung an den Familienwahnsinn zugleich, hintersinnig und hinreißend komisch.

*Cover- und Preisänderungen vorbehalten

PIPER

417